保育を支える生活の基礎

～豊かな環境のつくり手として～

神蔵幸子・中川秋美 編著

はじめに

　現代の保育は、「環境を通して」行うことを基本としています。保育における環境には物的環境と人的環境、自然や社会の事象などがありますが、その中でも人的環境としての保育者の果たす役割は乳幼児期の子どもたちにとって多大な影響力を持っています。また、「保育は人なり」とも言われます。保育者がどのような在り方で保育の場にいるかによって、子どもたちの在り方も変わるからです。

　今この本を手にしているあなたは、保育者を目指している学生でしょうか、保育者としての生活をされている方でしょうか。いずれ保育に関心のある方だと思います。あなたが保育の分野に身を置くことを選んだ人であるなら、それはとてもよい選択をされたと申し上げたいです。なぜなら、保育は日々の生活に感動をもたらし、将来を生きる子どもの育ちを支えるという、夢のある仕事だと思うからです。一方、夢のある仕事であると同時に、多くのことを期待され、責任の重い仕事であることもしっかり自覚しておくことの必要な仕事でもあります。

　近年、保育者には、子どもとの関係のみならず、保護者や地域社会との関係も重要な仕事として活動していくことが求められています。そこには、保育者が保育技術の専門性を備えるだけではなく、一社会人としての常識や、より優れた人間性をも備えた人であることが求められています。そして、国際化の進む社会にあって、その基礎として、日本の伝統や文化についての深い知識と理解をもち子どもたちに伝えていくことも保育者が担うべき重要事項だと考えられています。

　保育について様々な思いを巡らせながら、保育現場の日常を想像すると、やはり、生き生きとした子どもたちの姿が目に浮びます。

　保育の現場では、日々意図しなかったことがいろいろ起きます。寒い朝、いつもより倍の高さにもなった霜柱に目を輝かせている子どもがいたら、どうですか？そんな時、「豊かな保育環境のつくり手として」保育者は、心と身体がわくわくします。何をするか、何をしないか、とイメージが膨らみます。あなたは、どんな展開がイメージできましたか。一つの状況において、子どもに即して、また子どもたちの関係に即して多様な内容の展開がイメージできたことと思います。展開するあなたの保育を支えていくのが「生活の基礎」だと考え、この本を用意しました。

　子どもの傍らにいる保育者として、生活文化を提供していくことのできる保育者になるために、自分のありたい保育者像を探し求めつつ、自分の生活を見直し、自分の生活も豊かにしていってくださるようにと願っています。

編　者

目　次

第1章　生活基礎の視点 ⋯⋯⋯⋯⋯⋯⋯⋯⋯⋯⋯⋯⋯⋯⋯ 7

第1節　生活基礎とは ⋯⋯⋯⋯⋯⋯⋯⋯⋯⋯⋯⋯⋯⋯ 8
（1）豊かな保育実践に必要な生活の基礎 ⋯⋯⋯⋯⋯⋯⋯⋯ 8
（2）身近なことに目を向けてみよう ⋯⋯⋯⋯⋯⋯⋯⋯⋯⋯ 8
（3）子どもの生活空間作りの知恵 ⋯⋯⋯⋯⋯⋯⋯⋯⋯⋯⋯ 9
（4）見通しを持った生活 ⋯⋯⋯⋯⋯⋯⋯⋯⋯⋯⋯⋯⋯⋯⋯ 9

第2節　子どもの環境としての保育者 ⋯⋯⋯⋯⋯⋯ 10
（1）保育の基本となる生活 ⋯⋯⋯⋯⋯⋯⋯⋯⋯⋯⋯⋯⋯⋯ 10
（2）さながらの生活からの出発 ⋯⋯⋯⋯⋯⋯⋯⋯⋯⋯⋯⋯ 10
（3）存在のすべてで子どもと関わる保育者 ⋯⋯⋯⋯⋯⋯⋯ 10
（4）豊かな生活者として生きる保育者 ⋯⋯⋯⋯⋯⋯⋯⋯⋯ 11

第3節　共に育つ保育者 ⋯⋯⋯⋯⋯⋯⋯⋯⋯⋯⋯⋯⋯ 12

第2章　保育の1年間の生活 ⋯⋯⋯⋯⋯⋯⋯⋯⋯⋯⋯ 13

第1節　年中行事活動カレンダー ⋯⋯⋯⋯⋯⋯⋯⋯⋯ 14
第2節　各月の保育 ⋯⋯⋯⋯⋯⋯⋯⋯⋯⋯⋯⋯⋯⋯⋯⋯ 16
第3節　実践例ピックアップ ⋯⋯⋯⋯⋯⋯⋯⋯⋯⋯⋯⋯ 40
【保育の実践例：シャボン玉】⋯⋯⋯⋯⋯⋯⋯⋯⋯⋯⋯⋯⋯ 40
（1）シャボン玉液の作り方 ⋯⋯⋯⋯⋯⋯⋯⋯⋯⋯⋯⋯⋯⋯ 40
（2）シャボン玉を吹く素材・教材 ⋯⋯⋯⋯⋯⋯⋯⋯⋯⋯⋯ 40
（3）シャボン玉を行う環境 ⋯⋯⋯⋯⋯⋯⋯⋯⋯⋯⋯⋯⋯⋯ 41
（4）子どもとの関わりと配慮点 ⋯⋯⋯⋯⋯⋯⋯⋯⋯⋯⋯⋯ 41
【保育の実践例：園外保育】⋯⋯⋯⋯⋯⋯⋯⋯⋯⋯⋯⋯⋯⋯ 42
（1）園外保育の計画 ⋯⋯⋯⋯⋯⋯⋯⋯⋯⋯⋯⋯⋯⋯⋯⋯⋯ 42
（2）園外保育の事前準備 ⋯⋯⋯⋯⋯⋯⋯⋯⋯⋯⋯⋯⋯⋯⋯ 42
（3）保護者への連絡 ⋯⋯⋯⋯⋯⋯⋯⋯⋯⋯⋯⋯⋯⋯⋯⋯⋯ 42
（4）園外保育におけるひと工夫 ⋯⋯⋯⋯⋯⋯⋯⋯⋯⋯⋯⋯ 43

第4節　保育写真の撮り方 ⋯⋯⋯⋯⋯⋯⋯⋯⋯⋯⋯⋯ 44
【身につけたい保育技術：保育写真の撮り方】⋯⋯⋯⋯⋯⋯ 44
（1）保育写真を撮影する目的 ⋯⋯⋯⋯⋯⋯⋯⋯⋯⋯⋯⋯⋯ 44
（2）保育の記録としての写真の撮り方 ⋯⋯⋯⋯⋯⋯⋯⋯⋯ 44
（3）保護者や外部に保育内容を公開するための写真の撮り方 ⋯ 46
（4）外部に保育写真を公開する時の留意点 ⋯⋯⋯⋯⋯⋯⋯ 48

第3章　生活力 ⋯⋯⋯⋯⋯⋯⋯⋯⋯⋯⋯⋯⋯⋯⋯⋯⋯⋯ 49

第1節　衣 ⋯⋯⋯⋯⋯⋯⋯⋯⋯⋯⋯⋯⋯⋯⋯⋯⋯⋯⋯⋯ 50
（1）衣服の働き ⋯⋯⋯⋯⋯⋯⋯⋯⋯⋯⋯⋯⋯⋯⋯⋯⋯⋯⋯ 50

（2）目的に合わせた装い ……………………………………………… 50

（3）洗濯 ………………………………………………………………… 53

（4）裁縫 ………………………………………………………………… 57

第2節　食 ……………………………………………………………… 58

（1）栄養と献立 ………………………………………………………… 58

（2）食物アレルギー …………………………………………………… 61

（3）箸の持ち方 ………………………………………………………… 62

（4）お茶を淹れる ……………………………………………………… 64

第3節　住環境 …………………………………………………………… 65

（1）整理整頓 …………………………………………………………… 65

（2）掃除 ………………………………………………………………… 67

（3）リサイクル ………………………………………………………… 69

（4）花と緑 ……………………………………………………………… 72

第4章　社会生活力 ……………………………………………………… 75

第1節　礼儀・マナー …………………………………………………… 76

（1）挨拶 ………………………………………………………………… 76

（2）お辞儀 ……………………………………………………………… 77

（3）敬語 ………………………………………………………………… 79

（4）席次 ………………………………………………………………… 80

第2節　コミュニケーション技術 ……………………………………… 81

（1）電話 ………………………………………………………………… 81

（2）ハガキ・手紙・一筆箋 …………………………………………… 82

（3）メール ……………………………………………………………… 87

（4）地図を書く ………………………………………………………… 89

（5）伝言を残す・メモをとる ………………………………………… 91

第3節　個人情報保護 …………………………………………………… 94

第5章　学ぶ力 …………………………………………………………… 97

第1節　読む力 …………………………………………………………… 98

（1）日本語の文字と読み ……………………………………………… 98

（2）読み解くために必要な語彙 ……………………………………… 100

（3）読み取る力 ………………………………………………………… 102

第2節　書く力 …………………………………………………………… 104

（1）「書き言葉」で書く ……………………………………………… 104

（2）読みやすい文字 …………………………………………………… 105

（3）事実を正しく伝える ……………………………………………… 107

（4）感想と意見 ………………………………………………………… 108

第3節　聞く力 …………………………………………………………… 110

（1）漏らさずに聞く …………………………………………………… 110

（2）重要な点を聞く …………………………………………………… 111

（3）ノートを取る・作る ……………………………………………………………… 112

第4節　話す力 …………………………………………………………………………… 115
（1）考えてから話す ………………………………………………………………… 115
（2）状況を捉えて話す ……………………………………………………………… 116
（3）伝わるように話す ……………………………………………………………… 117

第5節　調べる力 …………………………………………………………………………… 119
（1）疑問を持つ ……………………………………………………………………… 119
（2）調べる方法 ……………………………………………………………………… 119
（3）インターネットの情報 ………………………………………………………… 120
（4）引用・参考文献のルール ……………………………………………………… 121

第6節　質問する力 ………………………………………………………………………… 123
（1）大切な質問 ……………………………………………………………………… 123
（2）質問のマナー …………………………………………………………………… 125

第6章　生活設計力 ……………………………………………………………………… 127

第1節　なりたい自分になる …………………………………………………………… 128
（1）「なりたい自分」を考える【生活設計】……………………………………… 128
（2）どうやって「なりたい自分」になるのか【生活技術】…………………… 128
（3）疲れたとき、ストレスが多いときの解消方法 …………………………… 130

第2節　保育士のキャリアパス ………………………………………………………… 131
（1）キャリアパスとは ……………………………………………………………… 131
（2）長く働くことの大切さ ………………………………………………………… 131
（3）キャリアアップの仕方 ………………………………………………………… 132

第3節　自己決定・自己責任 …………………………………………………………… 133
（1）自立と自律のちがい …………………………………………………………… 133
（2）保育者は他者の自立を支える仕事 ………………………………………… 133
（3）自分自身の自立と自律 ………………………………………………………… 133
（4）選択と決定 ……………………………………………………………………… 134
（5）説明責任 ………………………………………………………………………… 134

文献 ………………………………………………………………………………………… 135

編著者一覧 ………………………………………………………………………………… 139

第1章 生活基礎の視点

　私たちが日常何気なく過ごしている快適な暮らしを改めて見直してみると、その基礎には、先人の生活の知恵や、目覚ましく進化する科学的研究成果が応用されていることに気付きます。これらの多くの恩恵は、意識しなくても十分に享受しているものですが、それぞれの知恵や成果に気付くと、そのものだけでなく、これからの自分の生活のあり方、そして保育実践へのさらなる工夫につながっていきます。この章では、その基本的な視点について考えます。

第1章　生活基礎の視点

第1節　生活基礎とは

（1）豊かな保育実践に必要な生活の基礎

　保育の実践にはどのような技術が必要でしょうか。ピアノや手遊び、造形や運動遊び、あるいは絵本や紙芝居の読み方など、身に付けておきたいことがたくさんあるのではないでしょうか。これらの保育技術をしっかり練習しレパートリーを広げていくことはとても大切なことです。しかし、それだけでは豊かな保育への十分な準備とはいえません。乳幼児期の子どもにとっての日々の生活は、新しい体験で満ち溢れています。その生活で、どのような体験を積み重ねていくことができるか、私たちの文化を受け継いでいけるかは、保育者がその基礎となる生活についての知識や技術をしっかり身に付けていることによって支えられているのです。

　日常の生活の場を整え快適な空間を作り、旬の食材を使った食事をし、四季の変化を愉しみ、伝統行事の由来を知ることなど、年齢を問わず大切にしたい暮らし方です。保育者は専門家としての保育技術を備えているばかりでなく、それ以前に、生活者としての様々な生活技術を身に付けていることが必要であることを自覚しましょう。

（2）身近なことに目を向けてみよう

　部屋の模様替えをしてみると、同じ広さ、同じ形状の部屋なのに随分と雰囲気が変わる経験をしたことがあるのではないでしょうか。家具の配置では高さを考えて並べる順番を工夫する、色の統一感を出す、生活の動線に配慮する、などを考えることが多いと思いますが、これらも、心理学の視覚に関する理論や、絵画の遠近法などの知識があると、広く感じる工夫も論理的に行うことができます。

　また、最近は、衣類は作るよりも買った方が安価な印象もあり、自分で作る人は少なくなりましたが、量産された衣類は、友人も同じものを買っていることも珍しくありません。その時に、簡単な刺繍をするなどのひと手間の技術があれば、自分の個性が表現されたオリジナルなものとすることができます。それ以外にも、購入した衣類の丈を詰めることなどは、費用を払ってお店でやってもらう人も多いようですが、やってみれば決して難しいものではありません。このような生活の基礎となる知恵や技術は、自分自身にとっても有用なものですが、保育をする上では、とても貴重な知識、技術ということができます。掃除、洗濯、料理、裁縫など、家事全般のことは、実は、保育現場でも必要な技術です。具体的にどのくらいの技術が身についているか、改めて、確認してみましょう。

（3）子どもの生活空間作りの知恵

　例えば、幼稚園の砂場の風景を思い出してみましょう。

　子ども達は砂場遊びが大好きで、季節を問わず、長時間しゃがみこんで熱心に穴を掘ったり、山を作ったりします。その姿を思うと、夏の炎天下では、日陰にすることができるといいなあ、と思いますし、寒い冬には日差しがたっぷりと注がれた中でゆったりと遊べるといいなあ、と思います。そう思った時に、保育の環境を整えてきた先人たちは、砂場の上に藤棚を作りました。藤は、つる性の植物で、春にいい匂いの花を咲かせ、初夏から真夏には葉が生い茂ります。そして、冬にはその葉が枯れて落葉します。また、藤は、多年生植物なので、1度植えれば、長く、その役割を果たしてくれます。今では、多くの幼稚園、保育所で見られる砂場の上の藤棚ですが、砂場の環境がどのようであったらよいかと考えた保育現場の方々が、生活の知恵を集めて、藤棚にいきつき、それが全国に広がっていったのでしょう。最近では、他にも、ブドウやキウイなどで棚を作っている園もありますが、そこに必要な条件－夏に葉が茂り日陰を作る、冬は落葉して日差しがふり注ぐ、手入れが難しくない－など、藤棚を基本に考えた時の応用からのアイディアだといえるでしょう。ただしキウイを結実させるには、実をつける雌木と受粉用の雄木の2本を一緒に植える必要があります。このようなことを調べていくだけでも、興味がわき、いろいろな植物について調べたくなるのではないでしょうか。

（4）見通しを持った生活

　保育においても、また、保育者個人の生活においても、日々を充実して過ごすには、見通しを持った準備ができていることが必要です。

　家事をするにも、仕事をするにも、その時期だからこそ行う必要のあることもありますが、必ずしもその時期でなくても、ゆとりを持ってできる時にしておくこともあります。大掃除の計画は1年間の生活を見通して徐々に済ませておくことで無理なく済ませ、また、年間を通してきれいな環境にしておくことにもなるでしょう。

　保育の計画では、1年間にどのような活動を計画し、どのくらいの教材の補充が必要かを見極めることは、とても重要なことです。また、各月に行われる行事についても、その日に行うためには、十分な準備期間をとります。

　2章で紹介される年間の保育の様子をとらえて、必要な準備はいつ頃から始めていくのだろうかと、考えてみましょう。

第1章　生活基礎の視点

第2節　子どもの環境としての保育者

（1）保育の基本となる生活

　自分が子どもの頃の記憶をたどってみましょう。幼稚園や保育所に通っていた時の先生との思い出はどのようなことが印象に残っているでしょうか。

　ピアノを弾いている先生の姿かもしれません。先生が毎日読んでくださった絵本の時間が好きだった人もいるかもしれません。それだけでなく、多くの人の中には、こういう場面と具体的には説明できないのだけれど、先生の美しいしぐさや、優しくかけてくれた言葉が思い出される人もいるのではないでしょうか。

　幼児期の教育は「環境を通して行う」ことを基本としています。保育における環境には、物的環境、人的環境、自然や社会の事象などがあります。幼稚園、保育所等での生活では、子どもは、友達や保育者と共に生活し、ものや人や様々な環境と出会い、そこでの体験をもとに、人との関わり方や、ものとの関わりを学び、そして人間の文化を継承していきます。中でも人的環境としての保育者は、子どもの生活や成長を支えるうえで最も基本を成す環境であるということができます。

　人との関わりで相手の思いに気付き思いやりをもつことや、物の扱い方を習得していくことなどは、保育者の姿から学んでいくことがたくさんあります。「学ぶ」の語源は「まねる」にあるそうですが、まさに、あこがれの保育者の一挙手一投足をまねて、子どもは多くのことを学んでいくことを自覚しておきましょう。

（2）さながらの生活からの出発

　日本の幼児教育の父と呼ばれる倉橋惣三はその著書『幼稚園真諦』の中で、「さながらの生活」つまり、日常的な生活経験を基本に幼児教育がなされることの大切さを説きました。このことは、「生活を　生活で　生活へ」の言葉に集約されます。日常の生活と幼稚園での生活がかけ離れたものではなく、子どものありのままの生活から始まる自発的な活動の中に、教育的な意味を見出し、子どもに直接働きかけたり、あるいは、さりげなく物的環境を整えたりするなど、保育者の果たすべき役割は、多岐にわたります。子どもの日常生活を一緒に再現、再構成しながら遊びを発展させるためには、何よりも生活自体を丁寧に作れることが必要といえるでしょう。

（3）存在のすべてで子どもと関わる保育者

　倉橋惣三の別の著書『育ての心』の中には、「まむき　横顔　うしろ姿」という文があります、これは、家庭教育のことを述べた箇所で、母親の姿について述べているものです。「まむき」とは、真向き、すなわち正面から向き合い、子どもの相手をして

いる時の姿です。このことを保育場面に対応させて考えてみましょう。子どもと向き合う時の保育者は、しっかりと自覚を持ち、穏やかな表情で関わりを深めようとすることでしょう。では「横顔」はどうでしょうか。何か事務仕事をしている時、あるいは、他の子のお世話をしているなど、直接その子どもと向き合っているのではない時も、子どもは保育者のことを見ていることがあります。その時の保育者の表情が、いつまでも子どもの記憶に残ることもあるかもしれません。そして「うしろ姿」です。子どもに見られていることすら気付かない場面で、子どもは保育者の姿を見つめ、何をしているのだろう、話しかけてもいいかな、など、あれこれ思っているかもしれません。場合によっては、忙しそうな先生の姿を見て、何かお手伝いできることはないかと思う子がいるかもしれません。また、いつも、おもちゃを大切にとおっしゃっていた先生なのに、お片付けの時にゴザの上のままごと道具をまとめて箱に入れてしまってびっくりしたなど、思いがけない保育者の行為が印象に残るかもしれません。

　子どもと向き合っている場面での保育者の姿からだけでなく、仕事をしている先生の横顔や、子どもがいることすら気付かない自分のうしろ姿に子どもが何かを感じとることも少なくないのです。子どもと向き合っている時だけでなく、いつでも、どこでも、子どもがその姿を見つめている可能性があります。保育者の、存在そのものが子どもに与える影響は計り知れないものがあるのです。

（4）豊かな生活者として生きる保育者

　1876（明治9）年に日本で初めての幼稚園、東京女子師範学校附属幼稚園ができたときに、保育の仕事に就いた人はどのような人だったのでしょうか。もちろん、幼稚園教諭の資格などができる以前のことです。日本人保姆（当時の幼稚園教諭の職名）第1号として選ばれたのは水戸藩の武家の娘であった豊田扶雄（1845-1941）でした。一緒に過ごすことで、その言葉づかいや振る舞い、そして豊かな教養などから、子ども達が自然と良い影響を受けることができると期待されてのことだったのでしょう。

　環境を通して行う教育は、子どものもつ潜在的な可能性に働きかけ、その人格の形成を図る営みです。それは、日常の生活を通して一つ一つ積み上げられていくものです。食事の時にきちんとした箸使いで、よくかんで上品に食べる先生、きれいな字を書く先生、お散歩のときに見つけた小さな花の名前を教えてくださる先生。保育者である前に、生活者として地に足の着いた暮らしができること、一つ一つを確実にしていくことはとても大切なことです。砂上の楼閣という言葉があります。一見立派に見える建物も、土台がしっかりしていないと風雨に傾き、その姿を保つことができません。保育をする上では、一見、保育に直接関係ない生活経験から得られた知識や技術がとても役に立つことがあります。保育の土台となっているのです。環境を通して行う保育において、保育者が果たす役割の大きさをとらえた上で、改めて、一人の人として、どのような生活者であることができるとよいかも考えておきましょう。

第1章　生活基礎の視点

第3節　共に育つ保育者

　幼稚園教諭免許や保育士資格を取得することは保育者としてのスタートラインに立つことですが、そこからの生活が保育者としての成長のスタートになります。研修会での学び、様々な書物からの学びなど、いろいろな学びの方法はありますが、保育については、実践を通しての学びがとても大切です。「先生」と呼ばれる人は、子ども達に「教える」ことが仕事だと思いがちですが、実は、教える立場の人も、教えながら多くのことを学んでいます。

　保育の実践では、乳幼児と生活を共にしますが、その小さな子どもと過ごすことからも、多くのことに気付かされ、学びを深めることができます。感動する心を失わないことが大切といわれますが、感動とは、感情が動くという字で構成されていることに気付きます。ある日の夕方、まだ1歳にもならない子どもが窓の外を眺めて、うっとりとしていることがあったそうです。部屋をあわただしく片づけていた保育士が子どもの視線の先に目をやると、きれいな夕焼けだったそうです。1歳未満の幼子も、美しい夕焼けに感動していたのです。私たちは日々の仕事に追われると、せっかくの美しい情景に気付かずに過ぎていることがあるかもしれません。また、散歩で見つけた花は、名前を知らない花であるかもしれません。いろいろな花の名前は知っている方が良いといえるでしょうが、知らないことがあっても、子どもと一緒に調べることで、話題が広がり、子どもの植物への興味が広がることにもつながるでしょう。特に、自然に関することは、机上の学びだけでは培うことができないものです。また、自然豊かな地方に住んでいても、意識的に自然の中に入って行かないと、なかなか経験は積めないものです。子どもと共に体験し、驚いたり、失敗したりしながら、子どもと一緒にいろいろなことへの興味、関心を広げていきましょう。

　いま、ここで、新しく小学校以来の学びを振り返るとともに、ご両親や祖父母、地域の方々から伝えられてきた生活の知恵や伝統文化にも目を向けてみましょう。

　人は生涯を通じて発達し続けることができる存在といわれます。学び、成長する意欲を持ち続けることが大切です。そして、人と共に、子どもと共に、成長していく保育者になろうとすることが大切です。

第2章 保育の1年間の生活

　幼稚園、保育所等の生活には年間を通して様々な行事や、園ならではの活動が計画されています。

　環境を整え、子ども達には伏線となる活動を用意するなど、十分な準備を整えることが実りある当日の活動につながります。

　この章では、1年間の保育生活の全体を捉え、各月の生活を具体的に見ていきます。それぞれの時期の旬の食べ物や植物、昆虫、気象についての知識などについても確認しましょう。

　また幼稚園教育要領等には、日本の伝統文化に親しむことが取り上げられています。子どもの生活に密着した年中行事も理解しておきましょう。

　実践例とあわせて、様々な生活力が豊かな保育の土台となっていることが理解できると3章以降の学びの意義が見えてくることでしょう。

第2章　保育の1年間の生活

第1節　年中行事活動カレンダー

第1節　年中行事活動カレンダー

第2章　保育の1年間の生活

第2節　各月の保育

4月
卯月
（うづき）

日本では4月は新学年の始まりです。新しい環境になじみ、保育者や友達と一緒に楽しい園生活が送れるような温かみのある環境を作りましょう。また、4月は様々な草花が芽吹き、生き物の生まれる時期です。自然との関わりを楽しむ中で生命の不思議さに触れ、その大切さを感じられるようにしましょう。

今月の保育行事

入園式・始業式：
　新しい園生活の始まりを祝う式です。初めて母親から離れて過ごす不安や進級による環境の変化への不安を楽しい生活への期待や希望、自覚に変える式にしましょう。

健康診断：
　自分の体の成長を感じたり体の状態を知ったりします。

交通安全週間（4月6日～15日ごろ）：園では安全指導として信号の見方や横断歩道の渡り方などを伝え、登降園時の歩き方の意識を持てるように指導します。

こいのぼり・兜飾り：
　5月5日こどもの日に向けて子どもと一緒に飾ります。

誕生会（毎月）：
　一人一人の誕生日をみんなでお祝いすることで自分や友達を大切にする気持ちを育てます。

保護者会：
　学年最初の保護者会では担任の紹介やクラス運営の話、クラスの保護者同士の紹介や役員決め等を行います。

＜入園式＞

＜給食やお弁当＞

今月の活動・遊び

　入園や進級など、子ども達の環境が大きく変わる時です。自分の場所や好きな遊びを見つけて安定できるようにしましょう。また、春にしか味わえない遊びや自然の感触を感じられる遊びを用意しましょう。

「僕の場所はどこかな？」目印の写真や自分のシールを探して身支度等の習慣を身につけます。

まだ水を使わずに砂の感触を十分に楽しみましょう。

16

第2節　各月の保育

○虫探しや草花摘み　　　　　　　　　○夏野菜の苗植え

ダンゴムシ探し

草花摘み。花冠を作ったり、ままごとの材料にしたりします。

4月下旬から5月上旬に、ナス・ピーマン・プチトマトなど、夏に実をつける野菜の苗を植えます。

知っておきたい 今月 の 自然 ・ 素材 ・ 教材

・・・・・・この時期の植物・・・・・・　　　・・・・・この時期の虫・生き物・・・・・

| シロツメクサ | オオイヌノフグリ | モンシロチョウ | ダンゴムシ |

| タンポポ | オオバコ | アゲハチョウ | テントウムシ |

　モンシロチョウの幼虫は卵からふ化して2週間ほどで大きくなり、キャベツなどの葉に糸を出して体を固定させ、さなぎになる準備をします。さなぎから蝶になるまでは1週間ぐらいです。

サクラにちなんだ言葉

　春の花といえば「サクラ」。サクラの咲く頃の自然の様子を「花曇り（どんよりと曇ってはっきりしない天気）」や「花冷え（急に寒さが戻り冷え込むこと）」と言ったりします。

＜さくらもち＞

今月の旬

　フキ・タラの芽・アスパラガス・春キャベツ・グリーンピース・ソラマメ・新タマネギ・タケノコ　など

『そらまめくんのベッド』
なかや みわ 作・絵
福音館書店（1999）

第2章　保育の1年間の生活

5月 皐月（さつき）

爽やかな新緑の季節です。子ども達も新しい環境に慣れ、自分の好きな遊びを見つけたり友達と一緒に遊びを考えたりと楽しい園生活が送れるようになってきます。戸外で体を思いっきり動かしたり、草花に集まる昆虫やクラスでお世話をする飼育栽培物に興味・関心が持てるようにしたりしましょう。

今月の保育行事

こどもの日（5月5日）：
もとは五節句の一つで「端午の節句」。邪気払いに使われたショウブが「尚武」に音が通じることから男児の節句とされました。
自分たちで作ったこいのぼりを持ち帰ったりします。

八十八夜：
立春から88日目の日。この日に摘んだ茶は上等なものとされ、このお茶を飲むと長生きするといわれています。
手遊びやお茶会などで日本の文化に触れます。

母の日（5月第2日曜日）：
母に感謝する日としてアメリカの祝日となったのが始まりです。お母さんへの感謝の気持ちを込めて自分で作ったプレゼントを渡したり、花を贈ったりします。

遠足： 園生活も安定してくる時期となり園外の自然に触れる機会として遠足が行われます。子どもの年齢によって親子遠足になることもあります。

保育参観： 普段どのように園で過ごしているのかを保護者に見ていただきます。

避難訓練（毎月）： 火事や地震が起きた時の避難の仕方を身につけます。

＜端午の節句＞

＜遠足＞

今月の活動・遊び

気候も良くなり、絶好の戸外遊びの時期です。身体の様々な動きや状況に合わせた判断力を育てる鬼ごっこ、砂や泥の感触やダイナミックな構成を楽しむ砂遊び、動植物との触れ合いを楽しむ遊びを取り入れましょう。異年齢交流による遊びの刺激も大切です。

一人でも友達と比べても楽しい泥団子。
硬くするために試行錯誤を繰り返します。

アサガオの種まき

園生活も落ち着き、異年齢で遊びの誘い合いが始まります。

第2節　各月の保育

知っておきたい 今月の自然・素材・教材

……… この時期の植物 ………　　　……… この時期の虫・生き物 ………

| ハナミズキ | ハナショウブ | ホタル | ザリガニ |
| サツキ | カタバミ | オタマジャクシ | ツバメ |

＜アサガオの種植え＞

　夏の花として楽しみなアサガオの種植えの時期です。
　種植えは気温が20度以上に安定する時期がよいといわれています。5月初旬から5月下旬の気温が安定した時期に植えましょう。発芽を確実にするために種の丸くなっているところに傷をつける「芽きり」を行います。

『じっちょりんの あるくみち』
かとう あじゅ 作・絵
文溪堂（2011）
道端の草花を楽しめる絵本です。

端午の節句にちなんだ伝統

柏餅：平たいもちに餡をはさんで2つ折りにし、カシワの葉で包んだもの。カシワの葉は新葉が出るまで古い葉が落ちないことから子孫繁栄の願いが込められています。

ちまき：ササの葉でもち米をくるみ蒸したもの。ササの葉に魔除けの効果があるとされ、子どもを守るための行事食とされています。

菖蒲湯：厄除けのためにショウブの根や葉を入れたお風呂に入る風習です。

＜行事食・柏餅＞

今月の旬

タケノコ・アスパラガス・新ゴボウ・サヤエンドウ・新ジャガイモ・イチゴ・ナツミカン・アジ・イサキ・カツオ　など

イチゴの花

第 2 章　保育の 1 年間の生活

6月
水無月（みなづき）

梅雨を迎える季節です。外で遊べず十分に遊びたい気持ちを発散できないこともあります。友達とのぶつかり合いも増えますがそれも心を育てる経験です。また、梅雨時期ならではの自然への興味・関心も大切です。音や感触、言葉での表現など五感を使って楽しい保育を展開しましょう。

今月の保育行事

衣替え：
　季節の移り変わりに気づき、気温や体調に合わせて衣類の調節をする大切さを伝え、自分でできるようにします。

歯の衛生週間（6月4日〜10日）：
　歯の役割と大切さを知り、歯磨きの習慣が身に付くようにします。歯科医による検診も行います。

＜父の日参観＞

父の日参観：
　父親と一緒に遊ぶ保育参観日です。父親と一緒にできる遊び（運動遊び、木工など）を企画しますが、最近は家庭の事情に配慮して家族で参加できる参観日の園も多くなりました。

＜水族館遠足＞

時の記念日（6/10）・夏至（6/21 ごろ）
　時間の大切さや季節による昼間と夜の時間の違いに気づき興味が持てるようにします。

プール開き：水遊びの楽しさに期待を持ち、安全な遊び方や約束を守れるようにします。

遠足：梅雨時期の遠足では天気に左右されずに季節感を味わう水族館やプラネタリウムなどに行きます。海や川の生き物、星座などに興味や関心がもてるようにします。

今月の活動・遊び

　室内遊びが多くなります。安全に気を付けながら子ども達の遊びが保障されるようコーナー遊び等の環境づくりを工夫しましょう。晴れ間が覗く日には、陽の光や風を感じられる遊びや飼育・栽培物の成長を楽しめる活動を計画しましょう。

遊びに必要なものを探して見立てたりごっこ遊びをしたりします。

新聞紙を使い、破いたりちぎったり、洋服にしたりボールにしたり。様々な遊び方を工夫するだけでなく気持ちの発散もできます。

第2節　各月の保育

天気の良い日にはシャボン玉も気持ちがよい遊びです。吹く材料を工夫したり、シャボン玉液を自分で作ったりするなど年齢によって工夫しましょう。

夏野菜への水やりや飼育物の世話。水やりは雨の日の前後にどうしたらいいのかを考えたり、大きくなっていく実への期待感を味わったりと、学ぶことがたくさんあります。

知っておきたい 今月 の自然・素材・教材

･･････この時期の植物･･････　　　･･････この時期の虫・生き物･･････

アジサイ　　ヒルガオ　　アマガエル　　カマキリ

クチナシ　　ツユクサ　　カタツムリ　　アサギマダラ

　アサガオとヒルガオは大変良く似た花です。どちらもヒルガオ科の植物です。
　アサガオは1年草で、ヒルガオは多年草です。ウリ科の「ユウガオ」という花もあります。
　それぞれ、咲く時間によって名前がつけられました。

雨の呼び方

　季節や雨の降り方によって違う雨の名前。「春雨」「五月雨」「夕立」「時雨」「氷雨」など、どのような雨なのかを調べてみましょう。雨が降っている様子を見ながら、ザーザー、ポトポト、シトシトなど、子どもと一緒に豊かな表現を楽しみましょう。

『雨、あめ』
ピーター・スピアー 作
評論社（1984）

今月の旬

　タケノコ・インゲン・エダマメ・オクラ・レタス・ビワ・サクランボ・メロン・アンズ・パイナップル（国産）・マンゴー（国産）・アナゴ・アユ・タイ・イワシ・キス・トビウオ　など

第 2 章　保育の 1 年間の生活

日差しも強くなり、水遊びが心地よい季節です。子どもの体温は大人より高く遊びに夢中になっていると熱中症の恐れもあります。安全に気を付けながら子ども自身が約束を守って遊べるよう指導しましょう。また、育ててきた夏野菜が収穫の時期を迎えます。収穫を喜びながら食べ物への感謝の気持ちも育てましょう。

今月の保育行事

七夕（7月7日）：
　仕事を怠けたばかりに天の川で隔てられた牽牛（彦星）と織女（織姫）。年に一度、七夕の夜に会えることにあやかって願い事をし、ササに短冊や七夕飾りを飾ります。園での行事が終わったらササの枝を切り分け、持ち帰れるようにします。

大掃除と持ち帰り：
　子ども達が自分のロッカーやお道具箱を整理したり、みんなで使った遊具などを雑巾掛けしたりします。

終業式・夏休み：
　1学期の成長と夏休み中の生活習慣を子ども達に話します。保育所に毎日通う子ども達とも暑い日の遊び方を話し合います。

保護者会：
　1学期の子どもの成長や夏休みの約束事の話などをします。

夕涼み会：
　夕方から園内で縁日ごっこや盆踊りを行います。子ども達は家族と一緒に参加します。

お泊まり保育：
　年長組が園や宿泊施設で一緒に1泊2日を過ごします。家族と離れた環境で自立心を養うとともに友達との楽しい思い出を作ります。

＜七夕の飾りつけ＞

＜お泊り保育＞

今月の活動・遊び

　身近な水遊びから始め、水への恐怖心をなくしながら楽しく遊べる活動の工夫をしましょう。

手作りの水遊び道具

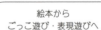

絵本からごっこ遊び・表現遊びへ

第2節　各月の保育

○野菜の収穫

育てたキュウリの形に驚いたり収穫したインゲンやナスのお味噌汁をいただいたりして、食への関心を高めます。

スイカ割り

『おっきょちゃんとかっぱ』
長谷川摂子 文
降矢奈々 絵
福音館書店（1997）

知っておきたい 今月 の 自 然・素 材・教 材

・・・・・・・この時期の植物・・・・・・・　・・・・・・この時期の虫・生き物・・・・・・

アサガオ　　　ハス　　　ショウリョウバッタ　　カブトムシ

オシロイバナ　　サルスベリ　　シオカラトンボ　　アブラゼミ

色水遊びに使える自然素材

　水に色が移っていく色水遊び。自然素材を使うとどのような色が出るのかの期待感も膨らみます。色の発見だけでなくジュースやさんをしたり染紙をしたり、遊びも広がります。

　レモン汁や石鹸水を加えると色が変わるものもあります。

[色の出る花] アサガオ　オシロイバナ　ベゴニア　マリーゴールド　ペチュニア
[色の出る葉] ヨモギの葉　ピーマンの葉　ツユクサの葉
[色の出る実] クチナシの実　ブラックベリー　ラズベリー　　　　　　　　　など

今月の旬

　キュウリ・ナス・トマト・インゲン・オクラ・エダマメ・レタス（本来は冬野菜　夏は高原もの）・モモ・スイカ・デラウェア（ブドウ）・メロン・ウナギ・カマス・ハモ　など

第2章　保育の1年間の生活

8月
葉月（はづき）

幼稚園では夏休みに入りますが、預かり保育や保育所での生活は続いています。暑さに負けず様々な経験をすることで子ども達は体も心もぐんと大きく成長します。家庭での経験を大切にしながら、園ならではの遊びも用意しましょう。
　暑さで体が疲れやすいので動と静の活動のバランスも大切です。

今月の保育行事

立秋（8月7日ごろ）：
　二十四節気の1つで秋の始まりです。立秋を過ぎたら、「暑中見舞い」は「残暑見舞い」となります。

原爆の日（8月6日・9日）・終戦記念日（8月15日）：
　第2次世界大戦末期、1945（昭和20）年8月6日に広島、8月9日に長崎に原子爆弾が投下されました。原爆投下からわずか6日後の8月15日、日本はポツダム宣言を受諾し戦争が終結しました。

お盆（8月13日〜15日）：
　先祖の霊を迎えて供養する行事。盆棚を作り、迎え火をして先祖の霊が迷わないようにしたり、送り火や精霊流しをして先祖の霊を送り出したりする風習があります。

＜お盆のお供え＞

＜地域のお祭り＞

今月の活動・遊び

　夏こそ水の感触や混ざり合う絵の具遊びなど五感を刺激する遊びの環境を用意しましょう。汚れが気になり家庭ではなかなかできない遊びも子どもの心や体を解放してくれます。

ボディペインティング
絵の具でのお絵描き

素足で楽しむ
泥遊び

水風船は投げて遊ぶと割れて水が飛び散る楽しさがあります。ひもをつけてヨーヨー釣りにも。

虫取り網を持って
セミ取り

第2節　各月の保育

知っておきたい 今月の自然・素材・教材

……… この時期の植物 ……… 　　……… この時期の虫・生き物 ………

ヒマワリ

ホオズキ

クワガタ

ヒグラシ

マツバボタン

グラジオラス

ムギワラトンボ

　朝早くから勢いよく鳴いているセミ。セミの種類によって鳴き方も違います。7月中旬にはニイニイゼミが鳴き始め、7月下旬になるとクマゼミ、アブラゼミ、ミンミンゼミが、8月中旬になるとヒグラシの声がよく聞こえるようになります。それぞれのセミの鳴き方を聞き分けてみましょう。

夏の空と入道雲

　青い空にもくもくとそびえ立つ入道雲。夏の季語にもなっています。入道雲はゲリラ豪雨や突風、雹（ひょう）などを伴う積乱雲の夏だけの通称です。昔、「入道」とは「仏門に入る」ことをさし、お坊さんも「入道」と言われていて、もくもくした雲の形が坊主頭に似ているから入道雲となったとの説もあります。

今月の旬

　ナス・オクラ・シシトウ・ゴーヤー・トウガン（冬まで貯蔵可）・カボチャ（収穫は夏、冬まで貯蔵可）・モモ・ナシ・ブドウ　など

今月の絵本

『こぐまちゃんのみずあそび』
わかやまけん 作
こぐま社（1971）

『めっきらもっきらどおんどん』
長谷川摂子 作　ふりや なな 画
福音館書店（1982）

『ゆうれいとすいか』
くろだ かおる 作
せな けいこ 絵
ひかりのくに（1997）

第 2 章　保育の 1 年間の生活

9月 長月（ながつき）

夏の疲れが出やすい時期であり、夏休み明けで生活リズムが不規則になっている子どもも見られます。朝夕と日中の気温差が大きくなってくるため、衣類で調節をするようにします。身近な自然に触れることを通して、夏から初秋への季節の変化に興味や関心が深まります。

今月の保育行事

防災の日（9月1日）　避難訓練：
　この日は 1923（大正 12）年 9 月 1 日に発生した関東大震災に由来しています。また、暦の上では二百十日に当たり、台風の上陸シーズンとなります。震災や風水害に対する心構えを育成する日として、1960（昭和 35）年に防災の日として制定されました。幼稚園・保育所では避難訓練、保護者への引き渡し訓練などが行われます。

＜防災訓練＞

敬老の日（9月第3月曜日）：
　高齢者を敬愛し長寿を祝う日として、9月第 3 月曜日に定められています。幼稚園・保育所の中には地域の高齢者との交流会、老人ホーム訪問などを行っているところもあります。

＜彼岸の行事食：おはぎ＞

秋分の日（9月23日）　彼岸：
　秋分の日は春分の日と同様に、昼と夜の長さがほぼ等しくなる日です。秋分の日を含む 1 週間を「彼岸」といいます。彼岸は「亡くなった先祖の霊が住む世界」を意味します。そのため、彼岸の時期に墓参りに行くのです。

今月の活動・遊び

　夏に咲いた草花が種をつける時期です。観察や採集を通して、自然のサイクルに対する驚きや感動を子どもと一緒に味わいたいものです。

アサガオの種集め。集めた種の数や形を比べたりします。

フウセンカズラと種。ハート型の模様を楽しんだり顔を描いたり。

ジュズダマ。お手玉やネックレス作りに使います。

第2節　各月の保育

知っておきたい 今月の自然・素材・教材

······ この時期の植物 ······　　······ この時期の虫・生き物 ······

ヒガンバナ

キンモクセイ

コオロギ

スズムシ

コスモス

オナモミ

アキアカネ

　日中のセミの鳴き声が弱まるとともに、夕方から夜にかけて、コオロギやスズムシ、マツムシなど秋の虫の鳴き声が聞こえてきます。アキアカネなどのトンボも多く見られます。

夏の空から秋の空へ

　この時期、空を見上げると秋の雲　うろこ雲が見られます。うろこ雲は「いわし雲」とも呼ばれます。イワシの群れが泳いでいるように見えることからこのように呼ばれています。実際、この雲が見られると、旬の魚であるイワシ漁が本格化するそうです。

今月の旬

　秋ナス・シイタケ・カボチャ（収穫は夏、冬まで貯蔵可）・サトイモ・イチジク・クリ・ゴマ・秋ザケ・サンマ　など

今月の絵本

『お月さまってどんなあじ？』
マイケル・グレイニエツ 絵と文
いずみちほこ 訳
らんか社（1995）

『ぞうくんのあめふりさんぽ』
『ぞうくんのおおかぜさんぽ』
なかのひろたか 作・絵
福音館書店（2006）・（2010）

『こんとあき』
林 明子 作
福音館書店（1989）

第 2 章　保育の 1 年間の生活

10月
神無月（かんなづき）

残暑もすっかり収まり、戸外で過ごすのに快適な時期です。運動会を行う幼稚園・保育所も多く、園外で活発に活動する姿が多く見られます。木の実や虫に触れたり、野菜の収穫などを通して秋の自然を楽しんだりし、興味や関心を深めます。

今月の保育行事

お月見：
　月見の風習は 9 世紀頃に中国から伝わりました。旧暦の 8 月 15 日に出る月はとりわけ美しく、月見をするのに最適とされたことから、中秋の名月と呼ばれます。現在の暦で 9 月中旬から 10 月上旬頃となります。後年になって、秋の収穫を感謝する祭りと結びつき、団子や芋をススキと共に供える現在の形になりました。

＜お月見団子・ススキ＞

スポーツの日（10月第 2 月曜日）：1999（平成 11）年までは毎年 10 月 10 日でした。この日は 1964（昭和 39）年 10 月 10 日に東京オリンピックの開会式が行われたことに由来します。

収穫の秋：芋掘り遠足
　サツマイモ掘りを通して収穫の喜びを味わい、自然の恵みに感謝します。さらに、様々な秋の食材のおいしさや食べる楽しさを味わうことが食への関心を高めることにつながります。

＜運動会＞

衣替え（10月 1 日）
　制服であれば、10 月 1 日が衣替え、すなわち夏服から冬服に替わります。徐々に気温が下がる時期ですので、制服がない場合も夏物の衣類をしまい、冬物の準備を始めるようにします。

＜芋掘り遠足＞

今月の活動・遊び

　米を始め、多くの種類の野菜、果物が収穫の時期を迎えます。ドングリやマツボックリを拾って楽しむのもこの時期ならではの遊びです。色や形の違い、数の多い、少ない、大きい、小さい、重い、軽いなど、多くの発見や気付きに結びつけたいものです。

クヌギ

アラカシ

シラカシ

マテバシイ

クリ

ドングリにもたくさんの種類があります。

ドングリ転がし

拾ってきたドングリは3日ほど冷凍しておくと虫が出ません。

芋掘り遠足後に、絵本『おおきなおおきなおいも』を活用した5歳児の共同製作

知っておきたい 今月の自然・素材・教材

―――― 秋の七草 ――――

ハギ　　　キキョウ　　　クズ　　　フジバカマ

オミナエシ　　ススキ（オバナ）　　ナデシコ

　奈良時代の歌人、山上憶良が「秋の野に　咲きたる花を　指折り　かき数ふれば七草の花」「萩の花　尾花葛花　撫子の花　女郎花　また藤袴　朝顔の花」（『万葉集』）と、日本の代表的秋草を詠んだことに始まっています。「朝顔の花」は「キキョウの花」であると言われています。春の七草が食用であるのに対して、秋の七草は眺めて楽しむものです。秋の風情を味わえるようにしたいものです。

今月の旬

キノコ類（シイタケ・エリンギ・シメジ・エノキ・マツタケなど）・カブ・ギンナン・サツマイモ・アズキ・イチジク・クリ・カキ・スダチ・秋ザケ・サンマ・サバ　など

◀サンマの塩焼き

▶新米のごはん

今月の絵本

『いろいろごはん』
山岡 ひかる 作
くもん出版（2007）

『おおきなおおきなおいも』
市村 久子 原案
赤羽 末吉 作・絵
福音館書店（1972）

第2章　保育の1年間の生活

11月
霜月
（しもつき）

感染症が流行しやすい時期になります。園児が自分で手洗いやうがいの大切さを認識できるようにするとともに、職員間や保護者に対しても健康管理の配慮を確認するようにします。秋から冬への季節の変化に興味、関心が高まります。

今月の保育行事

文化の日（11月3日）：
　元々は明治天皇誕生の祝日だったのを、1948（昭和23）年に自由と平和を愛し文化をすすめる日として制定されました。文化勲章が授与されます。文化に親しむことから作品展などにつながっています。

立冬（11月8日ごろ）： 二十四節気の一つで冬の始まりです。

七五三（11月15日）
　七五三は子どものこれまでの成長を祝い、これからの健康を祈念する行事です。現在では11月15日前後で家族の揃う日に氏神様や有名な神社で行うことが多いようです。満2歳（数え年3歳）の男女（女児のみの地域もあります）、満4歳（数え年5歳）の男児、満6歳（数え年7歳）の女児が対象となります。健康長寿の願いを込めて「千歳飴」が与えられます。

＜七五三・千歳飴＞

勤労感謝の日（11月23日）
　「勤労を尊び、生産を祝い、国民が互いに感謝し合う日」として1948（昭和23）年に制定されました。元々は、その年の農作物の収穫を祝い、神に感謝をする新嘗祭が行われる日でした。様々な仕事によって自分の生活が支えられていることに気づき、働いている人に感謝の気持ちを持てるようにしましょう。

就学前健診
　小学校入学に向けて、多くの地域で11月ごろに実施されます。就学に向けて生活リズムを少しずつ整えて行きます。

今月の活動・遊び

　美しく色づいた木々の葉を観察したり、落ち葉や木の実など、秋の自然物を集めて楽しんだりします。
　晩秋から冬への移り変わりを身近な自然と直接関わりながら感じます。また、様々な仕事に興味を持って楽しめるようなごっこ遊びの環境を用意しましょう。

集めた木の実や落ち葉を使っての製作

第2節　各月の保育

種から育てたダイコンの様子をみたりチューリップの球根を植えたりします。散歩時の落ち葉プールも楽しい。

ナース帽や聴診器、注射や薬袋など遊びに必要なものを用意したり作ったり。

知っておきたい 今月の自然・素材・教材

・・・・・この時期の植物・・・・・　　・・・・・この時期の虫・生き物・・・・・

モミジ（カエデ）　　イチョウ　　コガモ

カラスウリの実　　キク　　サザンカ　　マガモ

冬の鳥

秋から冬にかけて、大陸からいろいろな鳥が越冬するために日本にやってきます。近くの川や湖を観察してみましょう

今月の旬

シュンギク・ダイコン・ハクサイ・長ネギ・レンコン・コマツナ・ホウレンソウ・ナガイモ・ニンジン・カキ・リンゴ・ユズ・ソバ（新蕎麦）・フグ・シシャモ・ノリ　など

今月の絵本

『どんぐりむらの
ぼうしやさん』
なかや みわ・作・絵
学研

『じゃむじゃむ どんくまさん』
柿本 幸造 絵
蔵冨 千鶴子 文
至光社（1973）

第2章　保育の1年間の生活

12月 師走（しわす）

年末年始に向けた、いろいろな風習や伝統行事に興味、関心が高まります。子どもたちとともに新年を迎える準備をします。年長児は、文字や数字に関心を持ち、年賀状作りなどに取り組みます。

今月の保育行事

冬至（12月22日ごろ）：
　秋分の日を過ぎると徐々に夜の時間が長くなり、12月22日頃には昼が最も短く、夜が最も長くなります。冬至の日はお風呂にユズを浮かべた柚子湯に入浴し、カボチャの煮物を食べると風邪を引かないといわれています。

クリスマス（12月25日）：
　イエス・キリストの誕生を祝う日で、降臨祭、聖誕祭といわれます。クリスマスの語源は、ラテン語で「Christ（キリスト）」と「mas（礼拝）」を合わせた意味です。

大掃除（すす払い：12月13日）：
　年末には大掃除を行います。毎日生活している保育室をみんなで掃除し、きれいになった心地よさ、新年を迎える楽しみを感じられるようにします。年末の大掃除は、新しい年の神様（＝年神様）を迎えるために行うということも合わせて伝えていきます。大掃除が終わると、門松やしめ飾りなどを飾り、お正月の準備をします。

大みそか（12月31日）：
　「みそか」は毎月の末日のことをいい、平安時代のころから「大晦日」として1年の最後の行事として行われていたようです。31日の夜を「年越し」といい、細長い蕎麦のように寿命が延びることを願って年越しそばを食べ、人間が持つ108の煩悩を取り除くために除夜の鐘をつき鳴らします。

『子うさぎましろのお話』
佐々木たづ 文
三好碩也 絵
ポプラ社（1970）

今月の活動・遊び

　クリスマスカード、年賀状作りなどで、絵を描いたり、スタンプを作成したりを楽しみましょう。年長児であれば文字やことば、数字への興味、関心が高まります。

防寒具の出し入れ

　朝夕の寒さが厳しくなる時期になり、ジャンパーやコートなどの防寒着を着てくる子どもが多くなります。出し入れがしやすいよう、ハンガーを使うなど、保育室にも工夫が必要になってきます。

知っておきたい 今月の自然・素材・教材

この時期の植物

シクラメン

ポインセチア

ユズ

ユズの花（5月）

　冬至の柚子湯には、風邪を予防する効果だけでなく、血行促進や腰痛などにも効果があります。日本では江戸時代からの風習です。運を呼び込む前に体を清め、ユズの香りで邪気払いをするといった意味があったとされています。

さまざまな正月飾り

　地域によって様々な風習があります。年末の町の様子を見て、興味や関心を深めます。

＜しめ縄・しめ飾り＞
「しめ」は神様がいる場所を示します。家の中に良くないものが入らないように玄関などに飾ります。

＜門松＞
年神様を呼ぶ目印

＜鏡餅＞
裏白といって長寿を願うシダを餅の下に敷きます。

今月の旬

キャベツ・キョウナ（ミズナ）・クワイ・ゴボウ・コマツナ・ホウレンソウ・シュンギク・ニンジン・レンコン・長ネギ・ノザワナ・ユリ根・ミカン・ユズ・リンゴ・レモン・アンコウ・キンメダイ・タラ　など

今月の絵本

『まどからおくりもの』
五味 太郎 作・絵
偕成社（1973）

『もりのおふろ』
西村 敏雄 作
福音館書店（2008）

寒さが厳しくなる時期ですが、子どもたちは積極的に戸外で活動します。お正月ならではの伝統遊びにも興味を持ち、友達と一緒に楽しみます。

今月の保育行事

正月：新しい年を運んでくる年神様を迎え、五穀豊穣を願う行事です。元旦の「元」は「初め」、「旦」は「朝」を表します。年神様は農作物の神様や祖先の霊とも考えられていました。正月の夜に見る夢を「初夢」といい、「一富士（一番高い山）二鷹（空を高く飛ぶ）三なすび（冬に高価）」が縁起の良い夢とされています。

七草：1月7日に「セリ、ナズナ、ゴギョウ、ハコベラ、ホトケノザ、スズナ、スズシロ」をお粥にして食べます。新年に芽吹く七草をいただいて豊作や健康を祈願する行事です。おせち料理で弱った胃腸を休める働きがあるといわれています。

鏡開き：お正月に神様に供えていた鏡餅を下げ、汁粉や雑煮などでいただきます。一般的に1月11日に行います。

小正月：1月15日を小正月といい、小豆粥を食べてその年の豊作を祈願します。お正月の間に台所仕事で忙しかった主婦をねぎらう意味で女正月と呼ばれることもあります。この日にはお正月飾りを燃やして年神様を見送ります。「どんど焼き」や「左義長」など、地域によって様々に呼ばれています。年神様を送ることで、お正月は終了となります。

＜七草粥＞

＜どんど焼き＞

今月の活動・遊び

お正月にちなんだ活動

[餅つき]

12月から1月にかけて行われることが多いようです。現在、家庭で餅つきが行われることはほとんどなくなりました。
幼稚園・保育所での餅つき体験は伝統文化を体験し、伝えていくための貴重な機会です。

[**伝統遊び**]

お正月は、昔から伝わる遊びを楽しむよい機会です。たこ揚げ、こま、かるた、すごろく、羽根つきなど、十分に楽しめるように屋外、屋内ともに環境を整えます。

[**冬ならではの自然事象にふれる**]

寒い朝に水たまりに張る氷、霜柱、雪など、冬ならではの事象は子どもたちにとって好奇心の宝庫です。積極的に体験できるように環境の工夫をします。

朝、砂場にできた霜柱をすくって遊びます。

雪でごちそうを作ったり、雪だるまを作ったり。

知っておきたい 今月 の 自 然・素 材・教 材

………… この時期の植物 …………

スイセン

ツバキ

　　サザンカとツバキはよく似た花です。その違いは葉の形状や花の散り方にみられます。サザンカの葉は周りがギザギザの形状ですが、ツバキはなめらかです。また、手触りもツバキの葉の方がツルツルしています。サザンカの花はひとひらひとひら落ちますが、ツバキは花ごとぽとりと落ちるのです。

今月の食：お正月料理

お雑煮：正月三が日はお雑煮を食べる風習があります。関東では澄まし汁に角餅や鳥肉、関西では白みそ汁に丸餅やヤツガシラなど地域によって作り方や具材は様々です。

おせち料理：「節日」に食べることから「お節」といわれます。黒豆（勉強や仕事をまめに行う）、数の子（子孫繁栄）、エビ（長寿）、昆布巻き（喜び）、きんとん（金運）、ごまめ（豊作）などめでたい意味のある料理を重箱に詰めていただきます。

第2章　保育の1年間の生活

2月 如月（きさらぎ）

立春を迎え、暦の上では春になります。まだまだ寒い日が続きますが、日差しや木の芽からは季節が進んでいることがわかります。インフルエンザなどの感染症への対応に留意しつつ、外遊びにも積極的に取り組みます。

今月の保育行事

節分と立春：
現在は節分と言えば立春の前日（多くの場合2月3日）を示します。旧暦では立春が1年の初めで、節分は大晦日となります。季節の変わり目に登場する邪気（鬼）を追い払う儀式として、豆まきを行います。豆まきには炒った大豆を使います。豆まきが終わった後に自分の年の数、あるいは自分の年＋1の豆を食べると、病気にならないと言われています。厄払いの意味もあるようです。

節分　行事食：
主に西日本では、イワシの丸干しを焼いたものを食べる風習があります。焼くことでイワシのにおいが煙とともに広がり、邪気を払ってくれるといわれています。また、イワシの頭をヒイラギの枝に刺し、家の戸口に飾る地域もあります。鬼はイワシのにおいやヒイラギのようなとがったものを嫌うと考えられているためです。
節分の行事食「恵方巻き」は、江戸時代末期の大坂の商人の間で商売繁盛の願いを込めて節分に巻き寿司を食べていた風習がもとになり、全国で食べられるようになりました。

生活発表会（お遊戯会・音楽会・作品展など）：
1年間、園で経験してきた表現遊びを発表する場です。
年齢や育ちに合わせて、11月ごろから行われています。

＜ヒイラギとイワシの頭＞

＜恵方巻＞

今月の活動・遊び

○**戸外遊び：**寒さに負けず、身体を思い切り動かす遊びを楽しみます。

ドロケイ、縄跳び。竹馬にも挑戦。

第 2 節　各月の保育

秋に植えたチューリップの球根から芽が出ました。

種から育てたダイコンも収穫です。

知っておきたい 今月の自然・素材・教材

冬至の頃と比べると昼間が少し長くなり、日差しのぬくもりが感じられるようになります。ウメの花が咲き、ウグイスの鳴き声も聞こえてきます。コブシ、モクレンの木の芽が膨らみ、春が近づいていることがわかります。

……… この時期の植物 ………　　……… この時期の虫・生き物 ………

ウメ　　モクレン　　コブシ

ウグイス

メジロ

　春のおとずれを告げるウグイスは日本三鳴鳥（ウグイス・コマドリ・オオルリ）の1つとされています。ウグイスは茶色に近い緑の羽毛で昆虫を餌としています。警戒心が強くなかなか人前に姿を見せません。一方、ウグイスによく間違われるのがメジロという鳥です。綺麗な黄緑色の羽毛で目の周りが白いのが特徴です。メジロは花の蜜や果汁を好み警戒心も強くありません。そのためウメの木に止まっているのをウグイスと間違われることも多いようです。

今月の旬

ナノハナ・フキノトウ・ワラビ・イヨカン・デコポン・オレンジ（国産）・ハッサク・サワラ・シラウオ・タイ・ワカサギ・カキ・ズワイガニ　など

今月の絵本

『手ぶくろを買いに』
新美 南吉 作
黒井 健 絵
偕成社（1988）

第2章　保育の1年間の生活

3月
弥生
（やよい）

進学、進級を控え、期待がふくらむ時期です。年長児は、これまでの園生活を振り返り、自分の成長を確認し、就学の喜びや期待を持ちながら、充実した生活を送れるようにします。

今月の保育行事

ひな祭り（3月3日）：
　ひな祭りは、ひな人形を飾り、モモの花やひし餅を供え、女児の成長と幸せを願う年中行事です。由来は諸説ありますが、平安時代頃にはこの日に「上巳（じょうし）の払い」として災難を紙の人形（ひとがた）に移して川に流す風習があったこと、当時の上流階級の子女の間ではすでに紙の人形を使って「おままごと」遊びが行われていたこと、それらが結びつき「流し雛」が誕生したといわれています。江戸時代には、流し雛から家に人形を飾るようになり、現在のひな祭りの形が作られました。

啓蟄（けいちつ）（3月6日ごろ）：
　二十四節気の一つで、冬眠していた虫たちが目覚め、活動を始めるという意味です。日々少しずつ気温が上がり、春に近づいていくのが感じられます。

春分の日（3月21日ごろ）　彼岸：
　冬至の日を境に少しずつ昼の長さが長くなり、3月21日、22日頃には昼と夜の長さがほぼ等しくなります。この日が春分の日です。春分の日を含む1週間を「彼岸」といい、先祖の墓参りを行います。

＜卒園式＞

卒園式・終業式
　年長児は、これまでの園生活を振り返りながら、作品集や卒園アルバム製作、卒園製作を行います。お世話になった方たちに感謝の気持ちを持って卒園式に参加できるようにします。

避難訓練（毎月）： 火事や地震が起こった時の避難の仕方を身につけます。

今月の活動・遊び

ひな人形飾り・ひな人形製作
　ひな人形にはモモの花を飾ります。
　旧暦の3月3日は、今の暦で4月上旬にあたり、ちょうどモモの花が咲く頃となります。モモの花には、古くから「魔除け」の力があると信じられていました。

第2節　各月の保育

お別れ会。一緒に遊んでくれた年長さんにプレゼントを渡します。

知っておきたい 今月の自然・素材・教材

ひな祭りの行事食：おせち料理と同じく「節日(せちにち)」を祝うものです。それぞれの行事食の意味を知って子どもたちにも伝えたいものです。

- **ちらし寿司**：具材に使われるエビは長生きを、レンコンは見通しのいい将来を、豆は健康でまめに働けるように、という願いが込められています。
- **ハマグリの吸い物**：一対の貝殻はそれ以外の貝とは合わないことから、良縁に恵まれ、一生添い遂げるようにという願いが込められています。
- **白酒**：もともとは厄払いと長寿を願って、モモの花びらをつけ込んだ桃花酒が飲まれていました。江戸時代に入り、白酒が定着しました。現在ではアルコールが入っていない甘酒が飲まれています。
- **ひし餅**：モモの花を表す紅色、清らかさを表す白、悪いものを払うヨモギを表す緑の3色を重ねた餅で、ひし形には悪い竜をひしの実で退治し女の子を助けた言い伝えがあるといわれています。

.... **この時期の植物** ....

モモ

ナノハナ

フクジュソウ

チューリップ
早咲きは3月下旬から。
4月が最盛期

今月の絵本

『はなをくんくん』
ルース・クラウス 文
マーク・シーモント 絵
きじま はじめ 訳
福音館書店（1967）

39

第3節　実践例ピックアップ

【保育の実践例：シャボン玉】

　春の季語とされるシャボン玉。日本では、ポルトガルから入ってきた石鹸「シャボン（sabāo）」が語源とされています。江戸時代、シャボン玉売りが石鹸水やムクロジの実を溶いた液に麦藁の管をつけて売っていた様子が夏の風物詩とされていました。大正時代になって春の柔らかな光やそよ風に飛んでいく風情を感じることから春の季語になったといわれています。

　子ども達もシャボン玉は大好きです。自分で吹くのも飛んでいくシャボン玉を追いかけるのにも夢中になって遊んでいます。そこには、シャボン玉ができていく不思議さや光があたって七色に見える美しさ、風に乗ってふわふわと飛んでいく自由さ、触ると壊れてしまう儚さなど、子どもの心を揺り動かす要素がたくさんあるからでしょう。

　市販のシャボン玉液やストローでは間違いなくシャボン玉を作れますが、すでに成功体験のある子ども達とはシャボン玉液を作ったり、吹く材料を工夫してみたりして、試行錯誤を楽しみましょう。新たな発見は子どもの好奇心をさらに高めてくれるはずです。

（1）シャボン玉液の作り方

【材料】基本の液
① ぬるま湯（一度沸騰させたものだとなお良い）
② 洗濯のり（成分表記にPVAかポリビニルアルコールを含む）
③ 石鹸または台所用洗剤（界面活性剤を35％以上含むもの）
※さらに、ガムシロップ・炭酸飲料（伸びを良くする）、グリセリン（割れにくくする）、粉ゼラチン（お湯で溶かしたもの。割れにくくする）、ラム酒（七色を綺麗に出す）を入れることもできますが、乳幼児が扱う素材として適切な材料を選んで配合しましょう。

【作り方】
　①～③を5：4：1の比率で容器に入れ、ゆっくりよくかき混ぜます。その他の材料は基本の液ができてから、少量ずつ加えます。それぞれの配合比率は試してみましょう。

（2）シャボン玉を吹く素材・教材

【ストロー】太さや長さが違うものを用意し、様々な大きさのシャボン玉や吹き方の違いを楽しみましょう。
【針金（ハンガー）やモール】輪状にしてシャボン玉液につけます。針金には毛糸などを巻きつけるとシャボン玉液がよく付きます。
【台所用品・生活用品】輪状の部分があり、シャボン玉液を付けて膜を張ることができればシャボン玉になります。様々なもので試してみましょう。
【紙コップ・空き容器・バケツ・たらい】シャボン玉液を入れるための容器を用意します。吹く素材・教材の大きさや長さに合わせて用意しましょう。

（3）シャボン玉を行う環境

　シャボン玉は洗剤や石鹸、洗濯のりを使用しています。吹いた後は、手や顔、洋服、地面がべたべたになったり滑ったりします。子どもの動線を考え、安全に工夫して遊べるような環境を用意しましょう。

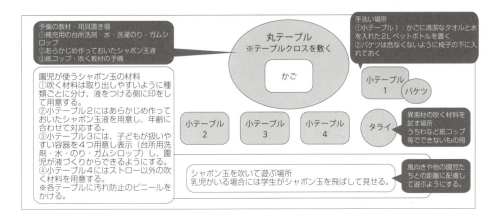

（4）子どもとの関わりと配慮点

【乳児】

　0～2歳児は、飛ぶシャボン玉をじっと見たり追いかけたりするだけでも喜びます。経験のない子ども達には未知なものですから不安に思ったり怖がったりすることもあります。

　その反面、目にシャボン玉の様子が映らないと興味を示しません。安心してシャボン玉の動きや不思議さに触れられるような関わり方を考えましょう。

【幼児】

　3～5歳児は、自分で吹いてみたり、友達と比べたり、シャボン玉の様子を観察したりして楽しみます。基本的な吹き方や約束がわかりうまくできるようになったら、今度は様々な材料を混ぜて配合を工夫したり、色々な素材・教材を用いてできる大きさや数、形の違いを楽しみましょう。風向きを考えるなど自然に対しての意識を向けられると良いでしょう。

【実践の配慮点】

　○ 子どもがシャボン玉液を飲まないようにする。材料の置き方・表示にも配慮する。
　○ 目に入らないように顔に向けて吹かない。顔に付いた時は清潔なタオルで拭く。
　○ ストローを上に向けて吹くとシャボン玉液が口元に流れ落ちるので気を付ける。

【保育の実践例：園外保育】

　園外保育とは、普段の園生活では味わえないこと、経験できないことを園の外に出て行う保育のことです。園外保育はその日に思いついてすぐに実行できるわけではありません。ここでは、どのような事前準備や配慮が必要なのかを学びます。

（１）園外保育の計画

　遠足などの園外保育は、自然や社会との関わりから何を経験して何を育てるのかを考えた上で、行う時期や場所、保育プログラムについて年間を通して計画します。その時期にしか味わえないものもあるため、必ず予備日を設定します。日常的な散歩については、近隣の自然や地域の状況と園児の実態をすり合わせ、「今、ここで」の保育に活用できるように計画します。

（２）園外保育の事前準備

① 園外保育の場所への下見（実地踏査）

　保育者は、安全かつ子どもが意欲的に園外保育を経験できるようにしなければなりません。したがって、必ず下見（実地踏査）を行います。

　【 下見のポイント 】

　　○園から実施場所への往復の安全な経路や子どもを引率しての所要時間を確認する。

　　○現地での施設（駐車場、トイレ、休憩場所、昼食場所 等）を確認する。

　　○園外保育のねらいに即した環境（自然物、見学物、活動する広場・遊具、子どもの動線 等）を確認し、子どもが意欲的に参加できるよう当日までの保育を考える。

② 園外保育までの準備

　　○保育プログラムの確認：登園から帰園まで、移動動線や保育内容、手順の確認。

　　○保育内容の充実：バス中の保育や目的地での働きかけ、援助、安全指導 等。

　　○保育者等の役割分担：広範囲にわたる保育になるため、進行や時間管理、トラブル対応、連絡経路等を分担し、それを基本に臨機応変に動けるようにする。

　　○保育者等の持ち物：保育用品、救急用品 等。

（３）保護者への連絡

　園外で行う保育になるため、保護者にはあらかじめ日程や場所、持ち物、予備日などを園便りやクラスだよりで知らせます。直前の告知にならないようにしましょう。

第3節　実践例ピックアップ

【お知らせのポイント】
○ 日程・集合時間・行き先（住所・連絡先含む）・予備日
○ 保育プログラムの内容（家庭でも一緒に楽しみにできるように伝える）
○ 園児の持ち物・服装
○ 体調の確認事項（当日朝の検温・車酔い・服薬 等）

（4）園外保育におけるひと工夫

①遠足MAPの作成：下見に行ったら、遠足先のMAPを作成してみましょう。自然の様子やトイレなどの施設の場所、安全面なども書きこんでおくと良いでしょう。

子どもが興味を持ちそうな生き物や自然の音なども書き入れると声掛けの参考になる。

咲いていた花の位置を記入し、詳しく調べておくとよい。

トイレの位置や数、配慮点も記載するとわかりやすい

②チャイルドビジョンの活用

　大人と子どもとでは視界の高さも広さも違います。見え方が違うということは物の捉え方や感じ方も違うことになるでしょう。NPO法人CAPセンターJAPANや東京都福祉保健局が公開しているチャイルドビジョン（幼児視界体験メガネ）を作成して、遠足の下見の際に子どもの視界を疑似体験してみましょう。下図はhttp://www.cap-j.net/ からダウンロードできます。

出典）NPO法人CAPセンターJAPAN

43

第2章　保育の1年間の生活

第4節　保育写真の撮り方

【身につけたい保育技術：保育写真の撮り方】

保育の振り返りや公開に際して、子ども達の姿がダイレクトに伝わる保育写真は重要な保育資料になります。しかし、目的や使い方を間違えれば保育の信頼を損ない、園児や保護者、保育者自身も傷つくことになります。ここでは、保育写真の目的と撮り方、留意点を確認していきます。

（１）保育写真を撮影する目的

① 保育の記録として撮影する

保育の質の向上を図るためには、保育者自身の保育実践を振り返る保育記録によって省察を深めることが必要です。子どもの遊びや言動を通して保育者自身が子どもの育ちをどのように捉えたか、その日のねらいや内容は適切だったのか、環境や関わり・援助はそれでよかったのかを振り返ります。保育写真は具体的な子どもの姿を想起することができる、子どもの表情や活動の流れの記録として大切な資料となります。

② 保護者や外部に保育内容を公開する

『幼稚園教育要領』では、「保護者との情報交換の機会を設けたり、保護者と幼児との活動の機会を設けたりなどすることを通じて、保護者の幼児期の教育に関する理解が深まるよう配慮する」（第1章 総則第6-2）こと、『保育所保育指針』では、「保護者や地域社会に、当該保育所が行う保育の内容を適切に説明するよう努めなければならない」（第1章総則1-（5）-イ）ことを示しています。口頭や文章だけでは伝わりにくい保育の内容も、生き生きとした子どもの表情や活動の様子を保育写真によって伝えることにより、活動の結果だけでなく、活動に取り組む過程や子ども同士の関わりも理解してもらうことができるのです。

（２）保育の記録としての写真の撮り方

① 保育記録としての構図やアングル（角度・視点）の選び方

まずは、保育の記録として何を残しておきたいのかを考えてから撮影します。それによって、その1場面だけを撮影すればよいのか、活動の流れが分かるように連続した撮影が必要なのか、子ども自身だけを撮影するのか、周りの環境を一緒に撮影するのかが変わります。さらに選ぶ構図やアングルも変わってきます。

【基本的な構図やアングルのポイント】

○子どもの視線や体の動きによる子どもの興味・関心や活動の様子が分かるように撮影する。

○子どもが遊びや友達との関わりに夢中になっている様子を捉える。カメラ目線やピース写真ではない自然な様子を撮影する。
○子どもと同じ目線にカメラの位置を下げる。子どもが見ているものが子どもと同じ視点で見えるように撮影する。
○戸外では順光（子どもの姿が明確に写る）、室内ではなるべく自然光（窓からの柔らかい光を利用する・ストロボ撮影は子どもの活動を妨げる）で撮影する。
○活動の始め、途中、終わりを撮影し、活動の過程が分かるようにする。

【実践例】

素材・教材の準備の仕方、保育者の援助や助言を振り返る。子どもの目線にカメラを下げるとより表情が読み取れる。

子どもの視線で友達の様子を見たり真似したりする様子や指先を使って貼る様子がわかる。

並べて作品を撮影することで、個々の子どもの工夫や取り組みがわかる。

② 5領域の視点から保育写真を撮影する

　保育写真を撮影する時、行事に関連した活動や盛り上がっている遊びに目が行きがちです。しかし、生活場面にこそ子どもの育ちが表れていたり、友達との些細な関わりの中に友達関係の変化が読み取れたりすることもあります。また、保育を見直すという視点から考えるとき、5領域を念頭に置きながら撮影場面を選んでいくと総合的な指導や援助についての課題も捉えることができるのです。

③ 撮影した写真の活かし方

　撮影した保育写真には、その時のエピソードを付けておきます。右図のように保育記録に貼り、その場面での子ども同士の関わりに見られた育ちや遊びの展開を記録しておくと、次にどのような環境を用意したら良いか、どのような援助が必要かを考える手がかりになります。

［保育日誌］12月○日　天候　晴れ
4歳児 ゆり組 出席者25名 欠席3名（風邪2名発熱1名）

［保育の流れ］
○登園
○自由遊び
アンパンマンごっこ
（男児A・B・C・D・E・F）→大型積み木で基地づくり
ダンスショー

E児がはじめてアンパンマンに参加。今まで譲ることができなかったA児がマントを貸してくれる。イメージを共有した大型積み木が扱えるようになった。

第2章　保育の1年間の生活

（3）保護者や外部に保育内容を公開するための写真の撮り方

①保護者や外部に伝わる構図やアングル（角度・視点）の選び方

　まずは、保護者や外部に何を伝えたいのかを考えてから撮影しましょう。保育者は日々子どもの遊びや活動を見ていますし、指導計画があってどのような育ちの過程をしていくのかの見通しも持っています。しかし、保護者や外部の人には園の中のことは見えにくいものです。特に園バスで通園している家庭では我が子の話でしか園生活を知ることができません。また保育所ではほとんどの時間を園で過ごしているわけですから、我が子の成長や園の保育の様子が伝わることで安心感や信頼感につながります。保護者や外部に園生活での生き生きとした子どもの様子が伝わるような、また、活動の結果だけでなく子どもの努力や健気さ、個々の育ちや友達との関わりが伝わるような写真撮影を心掛けましょう。

【 保護者向けの構図やアングルのポイント 】※基本的なポイントは保育記録と同じです。

　○同じ子どもや同じ活動ばかりにならないようにし、1年間を通してクラス全員が撮影されるようにする。
　○年齢ごとの成長の過程がわかるような写真を撮影する。
　○一人でも友達と一緒でも夢中になって遊んでいる写真、何をしているのかがわかる写真を撮影する。
　○自然への関わりの様子や自然物を取り入れ、季節感が伝わる写真を撮影する。
　○活動の過程を続けて撮影し、子どもの頑張った姿や友達とやり遂げた姿が伝わるようにする。

【 実践例 】

子どもの表情は可愛らしいが、何をしているのかが伝わらない。

友達を呼んでいる様子から、どんどん友達が増えている様子が伝わります。ここでのエピソードを付けて掲示したり、お便りに載せたりします。

　子どもの遊びや活動は常に動いているので、ここぞという表情の写真を撮るのは難しい時もあります。デジタルカメラなら連写してよい表情のものを選ぶ、ビデオなら1分ほどの動画を撮影し、パソコンでよい場面をスクリーンショット（※1）して写真に起こす、といった工夫をしてみましょう。

② HP や園便り等への効果的な掲載の仕方

チューリップだより

チューリップ保育園　11月○日

園庭は秋の自然がたくさん！

　空にはいわし雲が見られるようになり、秋の深まりを感じるようになりました。園庭の地面にはきれいに色付いたサクラやイチョウ、モミジの葉がたくさん落ちています。子ども達はドングリを見つけて秋の遊びを楽しんでいます。

　保育室では、子ども達が拾った落ち葉やドングリの色や形を比べてみたり、図鑑で詳しく知ったりできるような環境を整えています。登降園の時、お子さんと落ち葉や木の実の大きさ比べや匂い比べなど楽しんでみてはいかがでしょうか。

季節感や園の環境が伝わるような写真を載せる。

自分の生活に根差したごっこ遊び

　3歳児ぶどう組さんでは様々な場所を見立ててごっこ遊びをしています。友達とも一緒に遊べるようになってきました。先日は、園庭のログハウスをヘリコプターに見立てて、乗ってくれるお客さんを呼んでいました。お客さんがいっぱいになると、パイロット役の子どもがこんなアナウンスをしていました。

　子ども達は本物のヘリコプターに乗った経験があるわけではありませんが、自分の身近な経験を遊びに活かしているので、友達にもイメージが伝わって楽しむことができていました。

子どもの遊びの様子や育ちが伝わる写真を載せる。

誰か〜
お客さん、乗ってくださ〜い。
ヘリコプターです。

間もなく、ヘリコプターが発車します。閉まるドアにご注意ください。

※1　スクリーンショット：撮影した動画を PC で開き、目的の場面で一時停止し、「Print Screen」キーを押します（PC により操作キーが違う）。全てのプログラムから「ペイント」を開き「貼りつけ」キーを押すとその場面が貼りつけられるので名前を付けて保存します。

（4）外部に保育写真を公開する時の留意点

①守秘義務と倫理的配慮

　生き生きとした子どもの様子や保育の様子は誰にでも伝えたくなります。しかし、情報化社会の現代において、無造作に公開した写真が子どもや保護者の生活や安全を脅かすということがあってはなりません。個人が特定されるような写真や保護者の許可のない写真を公開することのないよう最大限の配慮をしなければなりません。

【 写真掲載に関する留意点 】

　　　○保護者に対して、保育写真の目的や撮影日時・撮影場面を知らせ、個々に掲載の許可（撮影内容の程度を含む）を得る。

　　　○許可を得た範囲（顔は NG、遠目なら OK など）で写真を撮影し、顔が写っている写真については再度保護者に許可を得る。

　　　○園名や名札を写したくない場合や、多数の園児の中で顔写りが NG の子どもがいる場合については、ぼかしやモザイク加工（※２）をするなどし、個人が特定されないように配慮する。

　　　○園で撮影した写真やデータは園外に持ち出さない。

　　　○個人的な SNS や Twitter 等に掲載しないことを職員間、保護者に対しても確認・共有する。

　※２　モザイク加工：PC の全てのプログラムから「ペイント」を開き、加工したい写真をコピーして貼り付けます。ツールにある選択□□□キーを押し、モザイクを掛けたい箇所を選択します。選択した□□□の右下角にカーソルを合わせて左上角までドラッグしたのち、元の位置まで戻すとモザイクがかかります。

②個人情報に関する罰則等

　児童福祉法 第18条の22には「保育士は、正当な理由がなく、その業務に関して知り得た人の秘密を漏らしてはならない。保育士でなくなった後においても、同様とする」と定められています。また、第61条の２には「第18条の22の規定に違反した者は、一年以下の懲役又は50万円以下の罰金に処する」とされています。

　保育写真の取り扱いには十分に気を付け、保育者としての品位と信用を失うことのないようにしましょう。

第3章　生活力

　幼稚園教育要領、保育所保育指針、幼保連携型認定こども園教育・保育要領に、保育は環境を通して行うと述べられています。乳幼児は生活の中での直接的な体験を通して、心身が大きく育っていきますから、生活環境は非常に重要です。保育者の生活力が乳幼児の環境を作ると考えると、私たち自身の生活力に今一度注目して、基礎基本を確認しておきたいものです。

　私たちの生活力は衣・食・住の観点から整理することができます。

第3章　生活力

第1節　衣

　この節では衣について (1) 衣服の働き、(2) 目的に合わせた装い、(3) 洗濯、(4) 裁縫の四つの項目を取り上げます。

（1）衣服の働き

　衣服の働きは大きく分けて二つあります。一つは、身体の安全や健康を守る働きです。寒さや暑さを調節したり、けがや汚れを防いだり、汗を吸収したりして、身体を清潔に保ち健康を守ります。また、運動や作業をしやすくし、事故やけがなどの危険から身体を守ります。

　もう一つは社会生活を円滑にする働きです。例えば、衣服やアクセサリーで装うことは、自分らしさ（個性）を表現する一つの手段です。また、制服を着用することで職業やグループのメンバーであることを表せます。喪服を含む礼服や平服（略礼服）など慣習に従った装いはお悔やみ、お祝いの気持ちや敬意を表します。

　幼稚園や保育所では、子どもの衣服が汚れることが多々あります。「濡れちゃったね」「気持ち悪いね」など気持ちを代弁する、着替えの手順を教えるだけでなく、「汗を吸ってくれる」「けがから守ってくれる」「動きやすい」「〇〇ちゃんらしい」などの会話ができると、衣服がどう役立っているかという子どもの学びにつながるでしょう。

　また、入園式・卒園式では白い襟のついたシャツ・ブラウスに半ズボン・膝丈のスカートでの登園を、屋外広場への園外保育では長袖・長ズボン・履きなれた運動靴での登園をお願いすることがあります。このような、園行事に関しての園から家庭へのお願いが、家庭でも衣服の働きについて考えるよい機会となっています。

（2）目的に合わせた装い

　自宅でくつろぐ時や友人と出かける時などは私的な場面ですから、自分の好みを優先したカジュアルな装いでよいです。しかし、学校では学生らしい服装を、職場では場合によっては制服の着用を、結婚式など社会的な決まり・慣習が優先される場面で

第1節　衣

はフォーマルな装いをしましょう。どちらの場合も衣服だけではなく、アクセサリーや化粧、帽子や靴などとの組み合わせでトータルな印象を考え、装うことが大切です。
　ここでは、社会人として、また、保育者としてTPO（時間・場所・場合）に配慮した服装やマナーについて学びます。

① 通勤時の服装
　通勤時は勤務が始まってはいませんが、完全に私的な時間というわけではありません。時には、職場から直接、勤務先の代表として役所や他の園や園児の自宅などに訪問する場合もあるでしょう。そのような場合にも対応できるよう、社会人として清潔感があり親しみやすい服装で通勤するようにしましょう。

② 訪問時の服装
　訪問先には様々な場所があり、目的に応じた服装が求められます。

✏ 演習

　正しい組み合わせになるように、左の場面と、右のふさわしい服装を線でつないでみましょう。

【場　面】	【ふさわしい服装】
葬　式	スーツ：黒、紺、グレー ブラウス（男子はYシャツ、ネクタイ着用）：白 パンスト：ナチュラルな色 パンプス（男子は革靴）：黒 アクセサリーは身につけない
オリエンテーション 就職活動	喪服（男子は黒ネクタイ着用） パンスト：黒 パンプス：黒 アクセサリーは和装では身に着けない。洋装の場合は一連のパールネックレス・イヤリングは可
通　勤	ブラウス、ジャケットなど、露出が少なく、清潔感があるもの パンスト：服に合わせた色、靴下可 アクセサリー：華美でなければ自由

51

第3章　生活力

③ 勤務時の服装

　勤務時は個人としてではなく、社会人としてあるいは職場の一員としてふさわしい振る舞いが求められます。服装も職務内容に応じたものにしなければなりません。職場によっては制服が貸与される場合もありますが、特に指定がない場合は自分で配慮する必要があります。

　保育者の場合は、清潔感があり動きやすい服装を心掛けましょう。子どもたちの安全や健康を守る服装であることも重要です。

🖊 演習

　正しい組み合わせになるように、左の注意する点と、右の理由を線でつないでみましょう。

【注意する点】　　　　　　　　　　　　　　　【理　由】

アクセサリーは身につけない。	刺激が強い。子どもに触れたときに汚してしまう。
厚化粧や香りのきつい化粧品の使用は避ける。	引きずったり引っ掛けたりして、汚れやけがにつながりやすい。
袖や裾の長いものは着ない。	肌の弱い子の皮膚を刺激する。
保育着は肌触りの良い木綿などの素材の服を選ぶ。	子どもを抱っこして転倒してしまうと、子どもにけがをさせてしまう。
靴下はソックスにして、パンストははかない。	誤飲や子どもの肌を傷つける危険性がある。
靴は滑りにくいものを選び、紐靴は避ける。	すべりやすく、必要な時に裸足になりにくい。

　また、事務仕事ではないので、仕事中に保育者自身の衣服が汚れることもあります。着替えは数着、常備しておきましょう。また、子どもたちと一緒に戸外で過ごすことも多いので、暑さ寒さの調節のしやすい衣服を身に付けましょう。

（3）洗濯

　保育所で家庭から衣類を持って来てもらったり、持ち帰ってもらったりすることがありますが、それ自体が保育者と保護者と子ども間のコミュニケーションとして、とらえることができます。衣服の汚れ具合で、「今日はこんな遊びをしました」「夢中になって遊びました」と会話をしています。そして、保育者が行う予備洗いは保護者への「汚れが落ちにくくなるので、簡単に洗っておきました。きれいには洗えていませんが、後はよろしくお願いします」というコミュニケーションになります。洗濯について質問を受けることもあるので、基礎的なことを知っておきましょう。

　服は着ているうちに汚れます。汚れを放置していると、汗や汚れが取れにくくなり着心地が悪くなるだけではなく、しみになる、虫がつく、カビが生えるなど衛生面でも悪影響を及ぼします。気持ちよくなるべく長く着られるように、衣服の繊維の種類と性質（表1）に応じた手入れ方法を学びましょう。ここでは衣服の繊維や汚れに応じた洗濯方法と手順を確認します。

表1　繊維の種類と性質

繊維の種類		特徴	濡れた時の強度	しわのなりにくさ	吸湿性	適する洗剤	その他
植物繊維	綿	しなやかで肌触りが優しい	◎	△	◎	弱アルカリ性	熱に強くて丈夫
	麻	身体にまとわりつかず、涼しい	◎	△	◎	弱アルカリ性	通気性が良い
動物繊維	絹	光沢がありさらりとした着心地	△	△	◎	中性	虫に食われやすい
	毛	しわになりにくく、温かい	○	◎	◎	中性	水中で揉むと縮む
化学繊維	ポリエステル	加工によってはさらりとした感じになる	◎	◎	△	弱アルカリ性	乾きが早い 虫やカビの害に強い
	ナイロン	蒸れ感が少ない	◎	◎	△	弱アルカリ性	
	アクリル	毛に似た風合いを持っている	◎	◎	△	弱アルカリ性	

表2　取扱い表示（洗濯表示）とその意味の例

![40]	液温40℃以下で洗濯機による洗濯ができる	![漂白不可]	漂白処理はできない
![手洗い]	液温40℃以下で手洗いができる	![平干し]	脱水後、平干し乾燥がよい

① **洗濯の手順**

❶ 準備をする
- 組成取り扱い表示を確認する。
- 取り扱い表示（表2）を参考に繊維の種類・色落ち（色・柄ものと白）のしやすさ・汚れの程度によって洗濯物を分ける。
- ポケットの中を確認する。
- 取れそうなボタンやほころびは繕う。

> **必要な道具**
> はかり、計量スプーン、洗剤、洗い桶、雑巾、物干し竿（ロープ）、洗濯ばさみ、ハンガーなど

❷ 洗う・絞る
- 汚れのひどい部分はつまみ洗いをする。
- 洗剤ができるだけ残らないように、しっかりと力を入れて絞る。

もみ洗い	つまみ洗い	ねじり絞り

❸ すすぐ・絞る
- 洗い桶に水をため、すすいで絞る。
- 1回ごとに水を替えて、2〜3回（洗剤の白い色が出なくなるまで）繰り返す。
- しわになりやすい物はねじり絞りはせず、たたんで押して水切りをする。

※ 洗濯機の脱水機能を使う場合は、濡れた手でコンセントを触らない。

❹ 干す
- 雑巾で物干し竿を拭く。
- 洗濯物を振ったりたたいたりしてしわを伸ばし、形を整えて干す。
- 色の濃い服は裏返して干す。
- 取り扱い表示を見て、干し方を工夫する。

❺ 片付ける
- 乾いたら早めに取り込む。
- 取り出しやすく、見やすいように衣類の種類に応じ工夫してたたむ。
- 必要に応じてアイロンをかける。
- 次に使いやすいよう、決まった場所に片付ける。

② **保育時の予備洗い**

　児童養護施設などで家庭に代わって子どもたちの成長を支える保育者と、幼稚園・保育所・認定こども園などで各家庭と一緒に子どもたちの成長を支える保育者では、保育時に汚れた衣服の洗濯の仕方が異なります。

　養護施設に勤める保育者は、子どもたちが保育中に衣類を汚したら保護者に代わってすぐに洗濯することができますが、幼稚園などに勤める保育者は基本的には洗濯はしません。各家庭に汚れ物をそのまま持たせています。それは、汚れ物を通して、保育者が日中の子どもたちの様子を保護者に知ってもらうためです。それが成長の喜びを共有する、あるいは子育ての不安や悩みを相談するきっかけになることもあります。また「何をして遊んで汚れたの？」など汚れ物を通して親子の会話を促すことができるよう、あえてそのまま持たせている園が多いのです。

　しかし、汚れの種類によっては、すぐに洗わないと落ちにくくなり、衣類のシミや汚れの原因になるものもあります。その場合は、保育中に予備洗いをします。

> 📝 **演習**
>
> 　汚れの種類と汚れる状況、予備洗いの方法について、次の表を完成させましょう。

第3章　生活力

汚れの種類と予備洗いの方法

種類	汚れる状況	予備洗いの方法
血液	・鼻血 ・すり傷	・乾くと落ちにくくなるため（　a　）で予備洗いをして返す。 ・色素が残る場合は（　b　）を使うが、使用前に衣服の（　c　）ところで色落ちテストをする。
絵の具	・絵の具遊び	・（　d　）前につまみ洗いをする。 ・アクリル絵の具は乾くと耐水性になるので、なるべく早く予備洗いをする。
嘔吐	・偏食 ・流行性（　e　）炎	・必ず使い捨ての（　f　）、（　g　）、（　h　）を着用する。 ・固形物を取り除き、ぬるま湯か水で予備洗いする。ビニール袋に入れ、（　i　）した状態で持たせる。 ※必ず換気すること。
排泄物	・おもらし ・着替え中に汚れてしまう	・尿の場合はそのまま持たせる。 ・便の場合はゴム手袋をし、汚物を便器に流した後、ぬるま湯または（　j　）で洗う。 ※汚した状況・時間などを保護者に伝え忘れないこと。
泥	・（　k　）の日の登園時 ・戸外遊び	・乾かしてから泥を（　l　）落とす。 ・洗濯は保護者にお願いするが、必要に応じて（　m　）洗いをする。

③ **染み抜き**

　染み抜きとは、衣服についた部分的な汚れを落とすことです。できるだけ早く、衣服の素材にあった方法でこすらず、たたいて他の布に汚れを移し取ることが大切です。

シミの周辺から中心に向かってたたき、下のタオルにシミを移す

解　答　　a. 水（お湯は不適）　b. 酸素系漂白剤　c. 目立たない　d. 乾く　e. 胃腸　f. マスク
　　　　　g. 手袋　h. エプロン　i. 密封　j. 水　k. 雨　l. はたき　m. つまみ（f. g. h. 順は問わない）

（4）裁縫

　児童養護施設、幼稚園、保育所、認定こども園でも裁縫の機会はあります。例えば、保育室のカーテンを繕う、雑巾を縫う、発表会で使う衣装や乳児向けに手触りのよい布で玩具を作ることもあるでしょう。最近では各家庭で洋服を手作りしたり、ズボンの穴を繕うことが少なくなっているのではないでしょうか。そのような家庭環境の変化を踏まえると、子どもにとって、手作りのものを見たり体験したりすることの意味が大きくなっているとも言えます。

　布は床や机に敷いたり、壁や窓辺に掛けたりと室内を飾ることもできます。「あると便利だな」「喜んで使ってもらえるかな」など自分の考えや思いを、身近な素材である布を使って製作してみましょう。

① 製作の手順

　下記のような製作の手順の見通しがあると、効率よく進みます。

計画を立てる	準備する	製作する
・作りたいものを考える ・デザインを決める	・用途に合った布 ・用具	・しるしをつける ・裁断 ・縫う

② 用具の準備

大きさを測る　型紙を作る
巻き尺
物差し
方眼定規

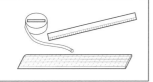

しるしをつける　裁断する
チャコ鉛筆
布用複写紙
ルレット
裁ちばさみ
ピンキングばさみ
まち針

縫う　仕上げる
ミシン
手縫い針
まち針
糸切りばさみ
リッパー
アイロン
※あると便利な物
　糸通し
　指ぬき

第3章　生活力

第2節　食

　私たちが生きていく上で「食」は非常に大きな役割を果たしています。この節では、子どもの「食」につながる生活を考えていきます。（1）栄養と献立、（2）食物アレルギー、（3）箸の持ち方、（4）お茶を淹れるの4つの項目を取り上げます。

（1）栄養と献立

①献立から赤・黄・緑を探そう

　成長期の子どもたちにとって、栄養バランスのとれた食事をしっかりと摂ることは大切なことです。食育は保育においても重要な内容のひとつで、指導計画は食育の視点を含めて作成します。子ども達の毎日の食事が栄養バランスのとれた食事になっているかどうか判断できるようになりましょう。そして、保育実践の中で、子どもたちが食に親しみや関心がもてるように、例えば「献立から赤・緑・黄を探そう」という活動や環境作りができるようにしましょう。

　食品に含まれる主な栄養素によって分類したものに、3色食品群や6つの基礎食品群があります。その食品群を活用して、栄養バランスを確かめることができます。

3色食品群	赤　群		緑　群		黄　群	
6つの基礎食品群	1群	2群	3群	4群	5群	6群
食　品	魚・肉・卵・豆・豆製品	牛乳・乳製品・小魚・海草	緑黄色野菜	淡色野菜・果物	米・パン・めん・いも・砂糖	油脂
主な栄養素のはたらき	骨や筋肉、血液を作るたんぱく質	骨や歯を丈夫にするカルシウム	体の調子を整えるビタミンA	体の調子を整え、抵抗力を高めるビタミンC	体や脳を動かすエネルギー源	

✎ 演 習

　自分の食事の栄養バランスをチェックしてみましょう。自分が昨日食べたものを思い出し、分類してみましょう。

【あなたの昨日の食事】

朝　食	昼　食	夕　食	間　食

3色食品群で分類してみましょう。

	朝　食	昼　食	夕　食	間　食
赤				
緑				
黄				

　赤・緑・黄はそろっているでしょうか。赤群の2群や緑群の3群・4群は不足しがちですので、注意しましょう。また、黄色群の6群は摂り過ぎに気をつけましょう。

②献立の基本

　幼稚園、保育所、認定こども園には多様な家庭で育っている子どもたちが通ってきます。保護者が食について十分に配慮できている家庭の子どもには、保育者としての援助は不要でしょうが、そうでない場合は、保護者といっしょに子どもの栄養と献立について考えていく必要があります。しかし、保護者の考え方や働き方・暮らし方は様々なので、保育者からの一方的な決めつけはできません。保護者の話を聞きながら、献立の工夫が提案できることが望まれます。そのためには、基礎的な事項を知っていることが不可欠です。基礎をしっかりとおさえておきましょう。

　献立の基本は主食・主菜・副菜をそろえることです。まず主食を考えます。主食とはごはんやパン、麺類のことです。体を動かし脳を活発に働かせるエネルギー源です。次におかずとなる主菜を考えます。主菜は魚介料理や肉料理、卵料理のことで、主にたんぱく質が含まれていて体を作るものです。成長期にはたくさん必要です。最後に、足りない栄養や水分を補うために副菜や汁物を考えます。このように献立を考えると栄養バランスのよい食事になります。あなたの昨日の献立は、何をあと一品追加するとよいですか。また、どの一品が多すぎましたか。考えてみましょう。

③朝食の工夫

　最近は子どもの生活が夜型になり、夜遅くに食事をして、朝ごはんが食べられなくなるなど、栄養バランスが崩れがちです。また、用意する時間が十分にとれず、菓子パンとジュースだけになってしまっている家庭が見受けられます。朝食は、一日のはじまりの大切な食事ですから、朝食の工夫が提案できるようにしましょう。

第3章　生活力

✏ 演習

　菓子パンとジュースでの朝食は黄色群に偏っています。菓子パンを止めてトーストにする場合と、おにぎりにする場合、それぞれどんな赤と緑を加えるといいでしょうか。3色食品群でチェックしてみて、不足しているものを補ってみましょう。

菓子パンを止めて、トーストにする			菓子パンを止めて、おにぎりにする		
赤	緑	黄	赤	緑	黄
		トースト			おにぎり

　トーストにハムと野菜を加える、汁ものに卵を加えるなど、時間や手間をかけずにできることからやってみましょう。

　ここで改めて、朝食を摂らずに登園してくる子どもの保護者へのアドバイスを考えてみましょう。保育者としては、どのような食事が理想であるかを知った上で、現実の親子の生活に目を向け、「できること」を見つけていきましょう。今まで朝食を準備していなかった保護者に、いきなり理想的な献立の準備を求めるのはハードルが高いかもしれません。コンビニで牛乳とバナナを買って帰ることを提案してみるのはどうでしょう。これができるようになったら、その次にすすめることもできるでしょう。相手の生活を理解しながら、適切なアドバイスができることは保育者としての大事な仕事です。

④行事食・郷土料理

　行事食とは、お食い初めや七五三などの人生の節目や、正月やひな祭りや月見など毎年の行事の時に食べる特別な食事のことです。行事食には、それぞれに願いが込められています。例えば、お節料理にはその年の豊作や家内安全、長寿などの願いが込められています。保育所等で提供される行事食には、表のようなものがあります。第2章で取り上げる年中行事の一環として提供されます。

	行　事	料理名
春	ひな祭り	ちらしずし、ひなあられ
	春の彼岸	ぼたもち
	端午の節句	かしわもち、ちまき
夏	七夕	そうめん
	土用の丑の日	うなぎ料理
秋	月見	だんご
	秋の彼岸	おはぎ
冬	冬至	かぼちゃ
	大晦日	年越しそば
	正月	お節料理、雑煮
	節分	まめ、恵方巻き

郷土料理とは、その土地ならではの食材や調理方法で作られ、地域の伝統として受け継がれてきた料理のことです。

子どもたちは、人々が築き、伝えてきた様々な食文化に出会う中で、食生活に必要な基本的習慣・態度を身につけ、次第に周囲の世界に好奇心を抱き、その文化に関心を持ち、自分なりに受け止めていきます。行事食や郷土料理は、地域や季節の旬の食材を取り入れて工夫され、長年に渡って伝えられてきたもので、食文化といえます。保育所等でも旬の食材を使った季節料理のレシピを作って、園だよりに載せ保護者に伝えていきたいものです。

演習

お正月の話題として、地域ごとにいろんな種類の雑煮があることがよく取り上げられます。各地の雑煮について調べてみましょう。あなたの地域は、もちの形は丸もちですか、角もちですか。汁はすまし仕立てですか、みそ仕立てですか。具は何を入れますか。みんなで、地域自慢をしてみましょう。

東京都	すまし仕立ての汁に、焼いた角もち、小松菜、大根、人参など入れる。	香川県	
京都府		県	
新潟県		県	

（2）食物アレルギー

最近はアレルギーのある子どもが増えています。1人でアトピー性皮膚炎、食物アレルギーなど複数の疾患を持つ場合があります。また、子どもがアナフィラキシーショック状態になった場合は命に関わる危険な状態です。保育者はそういう場面に直面することもあり得るのですから、正しい知識を持ち、適切な対応が迅速にとれることが非常に大事です。大学で学ぶ「子どもの食と栄養」や「子どもの保健」などの専門科目でしっかり学んでいきましょう。

保育所等でみられる主な食物アレルギーの原因食には卵、牛乳、小麦、そば類、魚類、エビなどの甲殻類などがあげられます。次の表のとおり、鶏卵が半分をしめています。

アレルギー症状の発症を防ぐために、どのように対応するとよいのでしょうか。ア

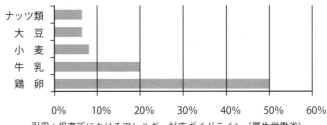

レルゲン（アレルギーの原因となる食物）を口にしなければいいのですから、アレルゲンを除去した食事を提供しています。除去食とか代替食という言葉を聞いたことがありますか。除去食とは、食べられない食物を取り除いて調理した食事のことです。代替食とは、食べられない食物の代わりに食べられる食物を使って調理した食事のことです。保育所等では、除去食の提供か、その体制が整わない場合は家庭から弁当を持参してもらうことが多いようです。除去する場合は必要最小限にすることも忘れてはなりません。

　食物アレルギーのある子どもと保護者は、食に関していわば常に緊張している状態にあります。保育者は、そのことを理解して寄り添う姿勢で保護者と関わりましょう。保育所等では、他の子どもといっしょに生活しているので、アレルギーへの対応については、クラスみんなで理解していることも大切になります。また、子どもの場合は年齢とともにアレルギーが治る可能性もあるので、保護者から逐次医療情報をもらいながら、保育の専門職として正しい知識・技術を持って、子育てを支援していきましょう。

(3) 箸の持ち方

　箸の持ち方・使い方は和食の食事作法の基本です。あなたは正しく使えていますか。保育者のきれいな箸使いは、子どもたちへの大切なお手本です。お手本を示しながら、子どもたちにはまず、正しい箸の持ち方を身につけさせたいものです。

　正しい箸使いは、美しい作法につながっています。箸の使い方は、鉛筆の使い方と同じです。字を書く練習は、箸で食べることができるようになってから取り組むものと考えてよいでしょう。

①箸の持ち方

　　1）上の箸を人差し指と中指で挟む
　　2）下の箸を薬指で支える
　　3）親指で2本をおさえる
　　4）上の箸だけ動かす

②箸の取り方・置き方

「右、左、右」の3ステップで取り上げ、「左、右」の2ステップで置きます。左利きの場合は、逆になります。

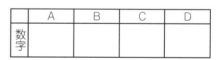

1）右手で箸の中央あたりを上からつまんで少し取り上げる。
2）左手を下から添えて、右手を右端に滑らすように移動する。
3）箸から滑らすように右手を下に添え、正しい位置で持つ。

③割り箸の割り方

割り箸は擦らずに、膝の上あたりで静かに上下に割る。

④嫌い箸

「嫌い箸」といって食卓でしてはいけない箸使いがありますが、もし子どもたちがそうした箸使いをした時には、やめるように注意するだけではなく、どうしていけないかを教えてあげられるとより理解しやすくなります。そのためには、保育者が知っていることが大事になります。

演習

「嫌い箸」または「忌み箸」には下の図のようにいろいろあります。図をみてどんな呼ばれ方をしているか、下の語群から選んでみましょう。また、箸使いをまねてみて、自分がうっかり行っている場合は、チェックボックスにレ点を入れて、今後ないように自分で意識していきましょう。

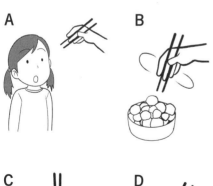

	A	B	C	D
数字				

① □ 指し箸：箸で人を指し示すこと
② □ 立て箸：器のご飯に箸を立てること
　霊前・仏前のご飯の出し方である。
③ □ 寄せ箸：器を箸で引き寄せたり、移動させたりすること
④ □ 迷い箸：器の上で箸を行き来させて、次に食べるものを迷うこと

（4）お茶を淹れる

　幼稚園、保育所、認定こども園にはいろいろなお客様がみえます。おいしいお茶でおもてなしができると喜んでもらえます。道具の名称を正しく覚え、手順を身につけましょう。また、おもてなしの心で、ご来客の様子に合わせて、温かい飲み物と冷たい飲み物のどちらをお出しするのが良いか考えること、待たせずタイミングよくお出しすること、仕事の邪魔にならないように出すことも大切です。

①道具
　使う道具は、急須・茶さじ・湯のみ・茶たく・布巾です。名称を正しく覚えましょう。

②お茶の淹れ方
　おいしいお茶を淹れるには、よい茶葉を使うことと、茶葉に合わせたお湯の温度と蒸らす時間がポイントです。番茶は熱湯ですが、園にお客様用としてよく用意してある煎茶であれば、70度〜90度のお湯を使います。茶葉の分量は、1人分が専用の茶さじで1杯、ティースプーンで量る場合には2杯に当たります。

　3人のお客様があった場合の、手順は次の通りです。

❶ 全部の湯のみに、沸騰したお湯を入れ、温める。

❷ 急須に人数分の茶葉を茶さじで計って入れ、湯のみに入れたお湯を急須に移し替える。

❸ 蓋をして茶葉を1分間蒸らす。急須から湯のみにお茶を注ぐが、運ぶときにこぼさないように、分量は8分目ぐらいにとどめておく。

❹ 濃さを均等にするために、人数分の茶碗に少しずつ順番に注ぐ。

③お茶の出し方

❶ お盆で運ぶが、こぼれた時のために湯のみは茶たくにはのせずにおく。お客様に出す時にのせてお出しする。（濡れた時のために布巾を用意しておく。）

❷ 客間に運んだらお盆はいったん下座側に置く。応接室ならサイドテーブルやテーブルの端に仮置きする。

❸ 湯のみを茶たくにのせて両手で持ち、上座から一人ずつ出す。お客様の右側から、右利きの方が多いので、右手側に出す。

❹ お客様から見て、お茶は右に、お菓子があれば、左に置く。茶わんに柄がある場合は、手前に柄がくるようにする。茶たくに木目がある場合は、木目が横向きになるように置く。

第3節　住環境

第3節　住環境

　幼稚園、保育所、認定こども園はまさに子どもの生活の「場」です。園舎や園庭の大型固定遊具などの物理的環境（ハード面）としての住空間を変えることはなかなかできませんが、いわゆる「ソフト面」を工夫することで快適さは変えられます。①レイアウト次第で、広さの感じ方も随分と違います。②子どもの動線を考えて、棚や机を配置することも大切なことです。また子どもが安全に過ごせる住環境作りは基本中の基本です。地震などの時に、物が落下したら大けがにつながるかもしれません。ピアノの上に物を安易に置いたりすることのないように、空間全体のコーディネイト力を高めましょう。

　この節では、住を住環境としてとらえ、（1）整理整頓、（2）掃除、（3）リサイクル、（4）花と緑の4つの項目を取り上げます。

（1）整理整頓

①整理整頓の意味

　「整理整頓」は「整理」と「整頓」に分けられますが、「整頓整理」とは言いません。どちらも乱れたものを整える意味がありますが、「整理」は「理」があるように道理や理屈に合わせて、つまり目的に合わせて整頓することです。不要なものを取り除いて整えます。その上で、正しい位置にきちんと置く「整頓」が続きます。つまり、整理整頓とは、モノを必要・不必要に分け、不要なものは捨てて、必要なモノを使いやすい場所に配置することです。

　保育者は、遊具や絵本などモノを整頓もしますが、意図を持って整理して、子どもの遊びの環境を整えます。大人の目から見てモノが整頓されている状態がいいのではありません。保育者のねらいがあって、モノが整理されていることに意味があります。生活する環境が乱れていると、心も身体も乱れます。園での大半の時間を過ごす保育室内を整えることが大切です。

②整理整頓の手順

　手順に沿って考えてみましょう。手順は、「捨てる」「定位置を決める」「定位置管理」となります。

●捨てる

　モノを「捨てる」という行為は、廃棄するというような無謀な行為ではなく、非常に積極的な整理のための行為です。

　例えばコップに、数日前の古いジュースが入っています。新しいジュースを飲みたい人が、その残ったジュースの上に新しいジュースを注いで飲むでしょうか。まず、コップの中に入っている古いジュースを捨てて洗ってから新しいジュースを入れるで

65

しょう。整理の原理もこの例と同じです。

❷定位置を決める

STEP1　適正量を知る

　　適正量とは、ライフスタイルにあった必要なモノの量のことです。

STEP2　行動動線を意識する

　　行動動線とは、自分が行動する動線のことで、モノの定位置を決めるには動線
　が短くなるようにします。またこの行動動線上にある棚や下駄箱などはちょう
　ど使いやすい高さでついモノを置きがちですが、そうならないようにします。

STEP3　使用頻度別収納で使いやすくする

　　よく使うモノを中心に整理を進めることが大切です。

【毎日使うモノ】

> **保育の中での絵本や紙芝居の整理整頓**
> 「タイトル」「作家・作者名」「出版社」「大きさ」「ジャンル」など何を基準に
> 並べていくのかを決めましょう。
> 基準が決まれば、基準を共有した全ての人が同じように整理整頓ができます。

> **保育の中での教材庫の整理整頓**
> カテゴリー（紙類・画材類・消耗品など）に分けて整理します。
> 次に、その道具を使った後、元の場所に戻しやすいようにシールや写真を貼っ
> て誰が見ても戻す場所がわかる状態に整えていきます。
> 元に戻す場所が決まっていることで、モノが出たままの状態が防げます。

【2日から3日に1度使うモノ】

【週1回程度使うモノ】

【月1回程度使うモノ】

【年1回程度使うモノ】

> **保育の中での年1回使うモノの整理整頓**
> 行事ごとにまとめてしまうようにします。
> 行事によっては道具や備品がたくさんあります。各行事ごとに収納ケースや
> 収納する場所を決めて整えていきます。
> 教材庫の整理整頓と同様に、誰が見ても直ぐわかる状態にしておくことが大
> 切です。

> **グルーピングによる整理整頓**
> １つの目的に対し複数の道具を使用するような場合は、道具を１つのグループとして箱や棚にしまいます。例えば、手紙を書くときに使うモノは便箋・ペン・封筒・のり・切手ですから、それらを一箇所にまとめることによって、探す・戻す作業を一度に終えることができます。

❸定位置管理

モノの位置を正確に決め、そのモノに関わる全ての人に定位置を知らしめ、使ったら必ず定位置に戻すようにします。こうすれば「探し物」はなくなります。探し物のために費やす時間や費用は、積み重なると膨大なものになります。探し物をするときは、ついいらいらしがちですから、精神衛生上もよくありません。

③整理整頓するのは誰か

「整理整頓」について学習してきましたが、整理整頓は誰が行うのでいいのでしょうか。その品を使う人が、その使い道によって整理整頓するのが、本来の姿です。子どものものは子ども自身が整理整頓するのが一番よいし、子どもたちのものは、子どもたちが整理整頓するのが一番よいわけです。

（2）掃除

子どもたちの健康と環境整備のために、毎日行う掃除ですが、掃除には正しいやり方があります。そのやり方に沿って手際よく行いたいものです。

①掃除の手順

❶準備

・窓を開けて換気する

掃除をして舞い上がったほこりの出口を確保します。また、洗剤を使う場合には、洗剤の成分を吸い込まないためにも換気します。

・用具・洗剤を選ぶ

掃除する場所や汚れに適した用具・洗剤を選びます。洗剤を使用する場合は、表示をよく確認し適したものを選び、使用上の注意を守ります。

・片付け

出ているモノを定位置に戻す、掃除のしやすい場所にまとめるなど片付けます。

❷落とす・掃く

ホコリは、上から下へ、奥から手前の順で落とします。落としたホコリはほうきや掃除機で奥の隅から壁に沿って作業を始めて取り除きます。

❸拭く

拭き掃除は、奥から手前の順で拭きます。水拭きは、雑巾を濡らし固く絞って使い、

第3章　生活力

汚れた面で繰り返し拭かないようにたたみ直しながら使用します。

②畳の掃除

目に沿って行い、ほうきを使用する場合は、ホコリが散らないように静かに掃きます。

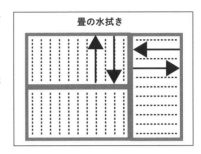
畳の水拭き

演習

畳の掃除を参考に、板目での掃除について考えてみましょう。

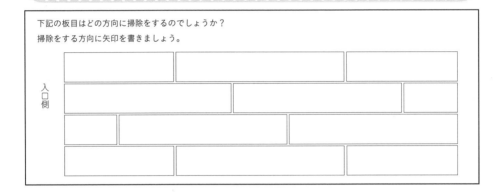

③水まわりの掃除

【手洗い場や流し台】

使用後に水気を拭き取り汚れを溜めないようにすることが必要です。水気が残っているところにはカビが発生しやすくなり、汚れが溜まることで落としにくくなります。

【トイレ】

尿は乾燥すると悪臭が発生します。臭いニオイの原因は、便座の裏・便器のふち裏・床・壁の掃除が徹底されていないことによります。男性と女性では尿が飛び散るところが違うため、広範囲で掃除をする必要があります。こまめに拭き取るだけでキレイに保つことができます。

④保育室内の安全

子どもが床に落ちているものにつまづく、机や柱の角にぶつかりケガをするなどの事故が起こらないように、安全管理が大切です。

柱やピアノの脚部には、ガードを付けるなどの配慮をしましょう。

好きな場所で好きなように遊んでいた子どもが次の遊びに移る前にどこにどの玩具を戻せばいいのかわかるようにしておきましょう。保育室内にコーナーを設置し、棚やかごに、何をどのように戻すのか、見てわかるように写真やイラストを貼って自分で元の場所に片づけられる環境を整えます。

(3) リサイクル

①循環型社会

限りある資源を可能な限り循環させながら利用し続けていく社会を循環型社会といい、推進する取り組みを3Rといいます。

保育の現場でも使えるモノを取っておいて再利用することがあります。循環する社会の仕組みと環境に関するマークを理解し、ゴミを捨てるときは分別して、リサイクルに協力しましょう。

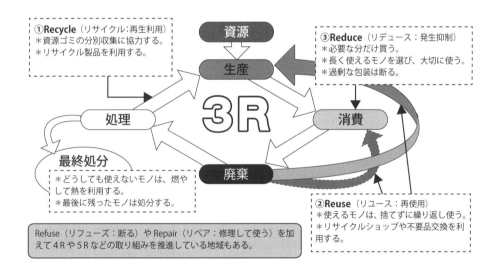

②環境に関するマーク

 演習

身近にある炭酸飲料の缶、シャンプーのボトル、コピー用紙、タオル、木工用ボンド、ペットボトルなどにはどんなマークが記載されていますか。調べて下の表を完成させましょう。

エコマーク	グリーンマーク	再生紙使用マーク
生産から廃棄までを通して環境に配慮された製品	原料に、古紙を規定の割合以上利用しているリサイクル製品	表示された配合率で古紙を使用していることを示す
記載されているもの	記載されているもの	記載されているもの

PETボトル識別表示マーク	アルミ缶識別表示マーク	プラスチック製容器包装マーク
リサイクルする際の分別方法を示す	リサイクルする際の分別方法を示す	リサイクルする際の分別方法を示す
記載されているもの	記載されているもの	記載されているもの

第3節　住環境

③ゴミの捨て方・分別

　ゴミが散乱している状況は衛生上よくありませんし、小さい子どもはアレルギー反応が出たり、誤飲で命の危険にさらされたりするかもしれません。ゴミの分別方法を理解し、決められた場所・時間に出せるようになりましょう。地域によってゴミの捨て方・分別方法が違いますので、気をつけましょう。また、ごみ袋は満杯になるまで入れるようにしましょう。

演習

　次のゴミはどの区分で捨てるとよいのか、次頁のゴミ分別チェック表を参考に分別してみましょう。

ゴ　ミ	区　分
＊ボールペン ＊マヨネーズの容器 ＊牛乳パック ＊安全ピン ＊杖 ＊ラップの芯 ＊温度計 (水銀入り) ＊アルミホイル ＊洗剤の箱 ＊ティッシュ箱 ＊畳 ＊バーベル (バー・おもり) ＊トイレットペーパーの芯 ＊レーザープリンタ ＊リモコン ＊制汗剤 (スプレー缶)	【資源物】 【可燃ごみ】 【不燃ごみ】 【有害ごみ】 【粗大ごみ】

71

第3章　生活力

【ゴミ分別チェック表】

区分	主な品目	チェックポイント
資源物	＊ビン、缶、ペットボトル ＊古紙 　（新聞・折込チラシ、雑誌、 　雑がみ、段ボール、紙パック） ＊布類	○ビン：化粧品のビンもＯＫ ○缶：飲食用の缶はＯＫ ○ペットボトル：キャップは可燃ごみ

雑がみの見分け

資源物	雑がみとは、リサイクルできる雑多な紙のこと ・メモ用紙 ・お菓子の箱 ⇒紙袋や紐でまとめて出す	①水に溶けないモノ ②食品の汚れがついているモノ ③においのあるモノ ④複写の紙やレシート	可燃ごみ

区分	主な品目
可燃ごみ	＊生ゴミ ＊カップ麺容器 ＊ビニール袋

プラスチックの見分け

柔	柔らかいプラスチック →**可燃ゴミ** 「手で曲げると曲がる」 （例）洗剤ボトル	硬いプラスチック →**不燃ゴミ** 「手で曲げると割れる」 （例）定規	硬

区分	主な品目	チェックポイント
不燃ごみ	＊コップ ＊スプーン ＊フォーク ＊傘	
有害ごみ	＊蛍光灯 ＊スプレー缶 ＊乾電池 ＊使い捨てガスライター	**有害ごみの出し方** ①透明な袋を使う ②ほかのごみと混ぜるのはＮＧ 　○乾電池５個 　×乾電池１個とスプレー缶１つ ③スプレー缶等の中身は使い切ること
粗大ごみ	＊椅子 ＊机 ＊自転車 ＊扇風機	**粗大ごみのおおよその見分け方** 可燃ごみ・不燃ごみの指定袋に入れて 「口を結べない」 「結べるが、袋からはみ出す」場合は ⇒**粗大ごみ**

著者作成

　チェック表のように資源・可燃・不燃・有害・粗大と分別し出し方も細かい決まりがあります。市区町村のルールに従ってください。

（4）花と緑

　花と野菜・大きな木について知りましょう。子どもたちが、直接、花や木、野菜、動物などに触れる体験は大切です。保育者には、子どもたちの遊びの中に取り入れていくことが求められます。花と緑がある環境を整えるために基礎知識を身につけましょう。

①花壇を作る

72

❶土ごしらえ

花壇をどこに作るのか決め、土ごしらえをする。スコップで深さ30cmぐらい土を掘り起こし、石やゴミを取り除きます。苦土石灰や腐葉土、油かす、骨粉等を入れ、土とよく混ぜ合わせて平らにならします。

❷縁取り

縁取りには丸太やレンガ、コンクリートブロックなどを使用します。花壇は排水性を考えて地面より少し盛り上げて作ります。

❸植え込み

苗を植える前にポットごと花壇内に並べて、バランスを考え、デザインします。位置を決めたら、根鉢を崩さないように注意してポットから出して植えます。

植替え後は根元部分に十分な水やりをしましょう。

②切り花の扱い方

切り花を長持ちさせるにはどうしたらいいのでしょう。

❶水あげ

切り花は、水を吸い上げる管に空気が入りこみ、水を吸い上げにくくなっているので、切り口を水につけ、茎を根元から3～4cmのところでよく切れるはさみを使って切ります。水にふれる面積が大きくなるように、切り口を斜めにするのがコツです。

❷水換え

水換えの目安は、春秋は3日～5日に1回、初夏～初秋は毎日、冬季は5日～1週間に1回です。

茎のヌメリを洗い落とし、花瓶の内部もキレイに洗うようにします。また温度の高い場所や乾燥しやすい場所（エアコンの側など）は避けるようにします。

③野菜の栽培

給食の時、野菜が入っているのを見て、子どもから「大根は、どうやってできたの？」と質問されたら答えられますか？ 野菜はどのように作られているか学んでおきましょう。

❶土をつくる

畑で野菜を育てるには種まきや植えつけの1か月前から準備する必要があります。日当たりと風通しのいい場所を選び、苦土石灰を均等にまき、深さ30cmほど耕して、土を上下にひっくり返しておきます。2週間前には、腐葉土・堆肥・化成肥料を適量まぜ、また土を上下にひっくり返しておきます。

❷うねづくり

うねとは野菜の栽培床のことで、土を盛り上げて作る部分のことです。幅は120cm以下、高さは5cm～30cmの間で水はけの様子を見て作ります。

第3章　生活力

❸プランターでの栽培

　市販されている園芸用土を使用すると手軽にできます。プランターの底にネットをしき、3cmほどゴロ土や軽石を入れます。これは虫が下から入らないようにするためです。その上に肥料や用土を入れ、種や苗を植え栽培を開始します。

✏ 演 習

　下記の「花・野菜」の旬と絵を描いてみましょう。

大根 季節（　　）	トマト 季節（　　）	コスモス 季節（　　）	チューリップ 季節（　　）

④園庭の植栽

　幼稚園、保育所、認定こども園の園庭にはどのような植栽がありますか。園舎と同様、園庭も各園各様で個性があります。世界で初めて作られたフレーベルの幼稚園（1840年、ドイツ）は、「Kindergarten」と名付けられました。これは、Kinder：子どものGarten：庭という意味です。「子どもの庭」と呼ぶのにふさわしい環境を作りたいものです。

　保育者は子どもとの遊びのみならず、農作業や園芸にも知識や技能を持ち、子どもの生活を豊かにしていくことが望まれます。しかし、農作業を専門的に学んだのではないので、あまり難しい花や野菜を育てることはできませんね。2章に出てきた各月の花や野菜などを参考に、年間の植栽計画を立てて、環境づくりをしてみましょう。

✏ 演 習

　四季折々のこの季節にあるといいと思う花、遊びに活かせそうな花を考えてみましょう。

【季節感のある花】	【花と遊び】
早春：	オシロイバナ：色水遊び
春：	アサガオ：色水遊び
梅雨：	ホオズキ：音遊び
夏：	：
秋：	：
晩秋：	：
冬：	：

第4章　社会生活力

　　社会生活力とは、様々な社会生活状況の中で、自分のやりたいことを実現するときに発揮される能力であり、それは豊かな社会参加を実現する力といえます。

　　この章では、保育者としての職業能力に関わりが深い社会生活力に焦点を当てて取り上げます。良好な人間関係につながる礼儀やマナー、対面ではない電話や手紙やメールでのコミュニケーション技術、円滑なコミュニケーションを助ける技術としての地図の書き方や伝言の残し方、最近特に配慮が必要となっている個人情報保護について学びます。

　　学生のみなさんは、自分の豊かな社会生活のために、正確な知識を再度確認して身につけるようにしましょう。

第4章　社会生活力

第1節　礼儀・マナー

　この節では、礼儀・マナーの中でも基礎的な（1）挨拶（2）お辞儀（3）敬語（4）席次を取り上げます。最近では、ネット検索するとわかりやすく説明しているサイトを簡単に探せます。この節では、サイト情報を引用しながら整理してみました。各サイトが提供する情報には微妙な差がありますが、この差は時代の変化に合わせて変化する部分をどう捉えるかの違いや組織・風土の違いによるものと考えられます。実際には、自分の所属する組織の文化風土に照らして各自が判断するとよいでしょう。

（1）挨拶

　礼儀・マナーでまず大切なことが、挨拶であるといえます。「あの人は挨拶の仕方も知らない、無礼な人だ」と思われると、そこから人間関係を築き直すのは難しいことです。日常生活の会話は挨拶に始まり、挨拶で終わるので、円滑なコミュニケーションのためにも大切です。実習施設に実習前のオリエンテーションを受けに行くときも、心のこもった挨拶がしっかりできるようにしましょう。

① 挨拶の際の留意点

　人と人の関係作りでは、第一印象が大事です。受け手の印象の形成には、あなたの表情や声のトーンや視線などの非言語的コミュニケーションが影響を与えます。

項　目	留　意　点
表　情	口角が上がった自然な笑顔が基本です。ただし、法事や謝罪のときなどは状況をわきまえて、控えます。
声	明るく元気に、少し高めのトーンで挨拶します。語尾を省略することなく、最後まではっきりと発音しましょう。
視　線	相手の方向を向き、相手の目をしっかり見るようにしましょう。
姿　勢	挨拶を終えるタイミングでお辞儀を添えます。丁寧な挨拶となり、誠意が伝わります。
積極性	相手の存在に気づいたら、こちらから進んで声をかけるようにしましょう

② 再度同じ相手とあった場合

　一度挨拶を交わした相手と直後に再度廊下などですれ違った場合は、あなたはどうしますか。挨拶をしないのは好ましくありませんが、二度目ですので、目礼や会釈程度がよいでしょう。

③ 挨拶の言葉

　挨拶言葉は、状況に応じて変化します。以下の挨拶言葉を、状況をイメージしながら、口に出して挨拶してみましょう。

状況	挨拶言葉
朝の挨拶	おはようございます
廊下ですれ違う際などの日常的な挨拶	こんにちは / お疲れ様です
離席や外出をする	席を外します / ○○へ行って参ります
離席や外出をする人を見送る	行ってらっしゃい
離席や外出から戻る	ただいま戻りました
離席や外出から戻った人を迎える	お帰りなさい
謝罪する	申し訳ございません
相手の動作を中断させる	失礼いたします / お手すきですか？
顧客や取引先など社外の方への挨拶	いつも大変お世話になっております
退社する	お先に失礼します
上司や同僚が退社する	お疲れ様でした / 失礼します

　普段よく使う「失礼します」「お疲れ様です」「ご苦労様です」の３つの言葉は、その使用には注意が必要です。まず、「ご苦労様です」は目下の人にのみ使う言葉なので、上の表にあるような上司や同僚には使わない言葉です。その点、「お疲れ様です」は上司から部下まで幅広く使うことができますが、正確には仕事が完了した人に向けて使う言葉です。同僚が退社する場合、仕事が完了したのか、他の用事があって時間で帰らなければならないのかなど不明の場合があります。その時は、相手が発する「お先に失礼します」に応えて「失礼します」という表現方法もあります。

（2）お辞儀

　お辞儀は、挨拶の際や、感謝、謝罪、敬意などを態度で表現するために行う動作で、コミュニケーションを図るにはとても大切な行為です。保育者は、保護者との会話、地域の方との交流の際に日常的にお辞儀をしますから、お辞儀の種類とその状況に合わせた使い方、注意点などを学び、正しくて誠意のこもったお辞儀ができるようにしておきたいものです。

①お辞儀の種類

　お辞儀は、体の倒し方の角度により３つの種類があります。相手や状況など TPO に合わせて、使い分けるようにします。

種類		形	状況
会釈	軽いお辞儀	傾き約 15 度	・上司や来客の方とすれ違うとき
敬礼	一般的なお辞儀	傾き約 30 度 目線は 1 メートル先	・出社 / 退社、入室 / 退室時の挨拶 ・仕事の指示を受ける時 / 出す時 ・来客の方の出迎え / 見送り、お茶だしの際のあいさつ
最敬礼	最も丁寧なお辞儀	傾き約 45 度 目線は自分の足元	・感謝や謝罪の気持ちを伝える時 ・重要な用事を依頼する時

第4章　社会生活力

②お辞儀の仕方

❶きれいな姿勢で立つ

- 背筋をまっすぐに伸ばす。
- 足先を揃える。
- 両手は前や横で自然に揃える。
- 相手と目線を合わせる。
- 段差のある場合は相手と同じ高さに移動する。

❷挨拶の言葉を言う。

❸お辞儀する。

- 挨拶の言葉を言い終わるタイミングで、腰から上半身を前に倒す。
- 首だけを曲げないように注意する。
- 一呼吸間をおいて、ゆっくりと体を起こす。
- 体を起こしたら、再度相手と目線を合わせる。

✎ 演 習

　2人ペアになって、挨拶の言葉とお辞儀の練習をしましょう。例えば「上司に呼ばれて指示を受ける場面」と一人が状況設定し、他の一人がふるまいます。出題した人は表情や姿勢や言葉などよく見て、気づいたことを伝えてあげましょう。

状況	（　　　）さんへの評価	（　　　）さんからの評価

（3）敬語

先生の研究室を訪ねて「○○先生、いますか」と大きく声をあげる学生がいます。気になりませんか。言葉は子どもの頃から自然に習得しているものですが、美しい日本語をTPOに応じて使い分けられるようになりましょう。

保育者の言葉を聞いて、子どもたちが言葉を習得していくことを考えると、責任が大きいです。今日から積極的に正しい敬語を使い、自然に美しい日本語が口から出てくるようになりましょう。

①敬語の種類

3種類の場合	5種類の場合	説明	文例
尊敬語	尊敬語	相手や話題に登場する人物の行為、物事、状態を高めて表現する	「いらっしゃる」「なさる」「おいでになる」
謙譲語	謙譲語Ⅰ	自分側から相手や第三者に向かう行為、物事をへりくだって表現することで、向かう先を高める	「伺う」「申し上げる」「差し上げる」
	謙譲語Ⅱ（丁重語）	自分側から相手や第三者に向かう行為、物事を丁重に表現する	「申す」「まいる」「おる」「存じる」「拙著」「小社」
丁寧語	丁寧語	相手に対して丁寧に表現する	「です」「ます」「ございます」
	美化語	物事を美化して表現する	「お花」「お茶」「お料理」「ご近所」「ご祝儀」

演習

指定された種類の敬語を用いて、表現を改めてみましょう。

	尊敬語	謙譲語
いる		
行く		
来る		
見る		
会う		
する		
言う		

②二重敬語

丁寧に言おうとして誤ってしまう例に、「お帰りになられる」「ご覧になられる」があります。「帰る」を「帰られる」とするだけで敬語なのに、「お〜になる」という尊敬表現を二重に使用していますが、これは、「帰られる」または「お帰りになる」で良いのです。

③敬語連結

敬語連結とは、二つまたは、それ以上の語をそれぞれ敬語にして、接続助詞である「て」でつなげたもののことです。これは間違いではありません。例えば、「お読みになっていらっしゃる」は、「読む」を「お読みになる」、「いる」を「いらっしゃる」にしてつなげたものです。

(4) 席次

社会生活には、上座・下座があります。来客を迎える時に、この席次を間違えてご案内すると、相手に不愉快な思いをさせてしまいます。特に、地域の人が2人、3人で来られた場合、どちらが委員長・会長など上司で、どちらが部下なのか、年齢はどちらが上なのかを判断して、常に上座、下座を意識して行動するようにします。

演習

それぞれ場面において、上座から順番に付番してありますので、どういう配慮から上座や下座となっているのか考えてみましょう。
- ◇出入り口からの遠さ・近さ　　◇安全性　　◇床の間
- ◇乗り降りのしやすさ　　◇景色のよさ　　◇話のしやすさ

①洋室

②和室

③エレベーターの中

④タクシーの中

第2節 コミュニケーション技術

この節では、コミュニケーション技術を取り上げます。対面であれば表情や態度などの視覚情報と声のトーンなどの聴覚情報が得られますが、その両方が揃っていないコミュニケーション場面として、（1）電話（2）手紙（3）メールを取り上げ、そのスキルを高めます。また、（4）地図を書くでは、保育現場で使用することがある地図の書き方について、（5）伝言を残す・メモをとるでは、伝言の残し方について、円滑なコミュニケーションを助ける技術として位置づけ学習します。

（1）電話

①電話を受ける

電話の応対次第で、園の評価が決まると言っても過言ではありません。園には保護者をはじめ様々な人から電話がかかってきます。その受け手は園の代表者です。顔が見えないからこそ、相手に気持ちが通じるような、電話応対マナーを身につけたいものです。

❶ **名乗る**
「はい、○○園の○○です」

❷ **挨拶をする**
「いつもお世話になっております」

❸ **相手の用件を聞く**
「園長（取り次ぎ先）ですね。少々お待ちください」
不在の場合は伝言があるかなど、対応を聞きましょう。身内の職員の名前を言うときは「先生」や「様」などの敬称はとります。

❹ **切る**
「失礼いたします」と言い、先方が切ったら静かに受話器を置きましょう。
基本的には「相手が目上であれば相手が先に切る、対等であればかけた方から先に切る」のがルールです。

📢 **重要ポイント**

第一声のトーンはやや高めにし「明るく・ゆっくり・はっきりと」話すことを心掛けること。

＊メモをしましょう
・宛名
・電話を受けた日時
・相手の所属・名前・連絡先
・用件
・今後の対応方法
・記載者（あなた自身の名前）
以上の内容は必ず聞き復唱すること。
（☞（5）①）を参照。

＊不在の場合
申し訳ございません。
ただいま○○は不在にしております（席をはずしております）。
△時には戻る予定ですが、私でよろしければ、ご用件を承ります。
※相手に「かけ直す」のか、「伝言を残す」のかという選択肢を与え、相手の要望に応じて対応すること。

第4章　社会生活力

②電話をかける

　電話をかける場合も応対次第で、園の印象が決まります。保護者をはじめ、様々な人へ電話をかける場合にも、細心の気配りをしたいものです。かけ方のポイントをおさえて、より良い応対を身につけましょう。

❶　挨拶をする
　「こんにちは」「おそれいります」

❷　名乗る
　「○○園の○○と申します」

❸　相手を確認する
　「○○様のお宅ですか」

❹　挨拶をする
　「いつもお世話になっております」

❺　相手の都合を聞く
　「今、お時間よろしいでしょうか」

❻　用件を簡潔に伝える

❼　お礼を言う
　「お忙しいところありがとうございました」

❽　切る
　「失礼いたします」と言い、静かに受話器を置きます。基本的には「相手が目上であれば相手が先、対等であればかけた方から先に切る」のがルールです。

> 🚩 **重要ポイント**
>
> かける前に周囲の音に気を配り、メモや名簿などの資料を準備すること。
>
> ＊時間帯について
> 緊急時以外、早朝や21時以降は極力避けること。
>
> ＊❻の「用件を簡潔に伝える」について
> 重要なことは、管理職等と話し合ってから電話をすること。
> 話す内容を整理し、メモにまとめてからかけることが重要。いつ・どこで・だれが・なにを・なぜ・どのように（5W1H）を相手に簡潔に伝えること。
>
> ＊聞き取れなかった場合
> 「恐れ入りますが、もう一度お名前をお伺いしてもよろしいでしょうか」と聞き返し、うやむやにしないことが大切。

（2）ハガキ・手紙・一筆箋

　社会人として文書を書く場合、相手に失礼のない文書を書く必要があります。ハガキや手紙、一筆箋には書き方の作法があります。正しい作法を身につけ、心をこめた丁寧な字で、相手によい印象を与える文章を書けるようになりましょう。

①季節の挨拶

　手紙などの冒頭には、季節の挨拶文を初めに書き添えるのが一般的です。右記を参照しましょう。

第2節　コミュニケーション技術

月	時候の挨拶文例
一月 睦月 むつき	新春の候　初春の折　厳寒の候　酷寒の折 いよいよ厳しい寒さとなりました　例年にない寒さが続いております
二月 如月 きさらぎ	立春の候　厳寒の折　梅花の候　向春の折 節分もすぎ春の気配が感じられます 梅のつぼみが膨らんでまいりました
三月 弥生 やよい	早春の候　春暖の折　春分の候　春寒の折 寒さもだいぶゆるんで参りました　心和む穏やかな季節となりました
四月 卯月 うづき	桜花の候　春陽の候　花冷えの候 桜の便りが次々に聞かれるこの折　春風が心地よいこの頃
五月 皐月 さつき	新緑の候　薫風の折　惜春の候　晩春の折 五月晴れの空がさわやかな季節となりました 新緑が目に鮮やかに感じられる毎日です
六月 水無月 みなづき	初夏の候　梅雨の折　向暑の候　大祓の折 紫陽花が雨に濡れて鮮やかな季節となりました 夏の到来を感じる今日この頃
七月 文月 ふみづき	盛夏の候　猛暑の折　酷暑の候　梅雨明けの折 日毎に暑さが増して参りました　夏本番という季節を迎えました
八月 葉月 はづき	残暑の折　晩夏の候　立秋の折 連日の酷暑で庭の草木がしおれています　朝晩はだいぶすごしやすくなりました
九月 長月 ながつき	初秋の候　秋涼の折　清涼の候　秋の彼岸の折 朝夕の風に秋の訪れを感じる季節となりました 残暑がなお続いております
十月 神無月 かんなづき	秋冷の候　秋涼の折　紅葉の候　錦秋の折 秋晴れのさわやかな季節となりました　秋風に季節の風情を感じます
十一月 霜月 しもつき	晩秋の候　深秋の折　向寒の候　暮秋の折 日ごとに朝夕の冷え込みが厳しくなりました 木枯らしの音に冬の訪れを感じます
十二月 師走 しわす	師走の候　寒冷の折　初冬の候　大雪の折 初霜の便りに冬到来を感じる季節になりました 年の瀬を迎え新年の準備でお忙しいことと思います

第4章　社会生活力

②ハガキの文例

ハガキの「宛名書きの作法」と「文例」のポイントを確認しましょう。

演習
以下を参考にして、実際に実習のお礼文を書いてみましょう。

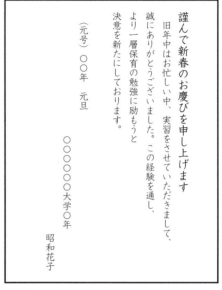

【表】
- ▶縦書きは、数字は漢数字で書く。
- ▶園名に加え肩書きも書く。
- ▶宛名はハガキの中心に書く。

【裏】
- ▶「謹んで新春…」のように相手に敬意を払う賀詞を使う。
- ▶文面は実習のお礼を具体的に書く。
- ▶文末は相手の幸福を祈る文で締めくくる。
- ▶「元旦」は「一月一日の朝」という意味があるため「一月元旦」という表記は間違い。

③手紙の文例

✏ 演習

以下を参考にして、実際に実習のお礼文を書いてみましょう。

拝啓　朝夕の風に秋の訪れを感じる季節となりました。先生方におかれましては、ますますご清祥のことと拝察申しあげます。

さて、このたびは、三週間にわたり、幼稚園実習の機会をお与えくださり、まことにありがとうございました。日々の実習を重ねるごとに、子どもの些細な表情の変化を見逃さない先生方の姿を捉えられるようになり、幼児の気持ちを理解する難しさと大切さを学ぶことができてきました。

先生方に見ていただいた実習日誌を読み返しますと、実習の日々がありありと目に浮かびます。毎日の読み聞かせは緊張でうまくいかなかった時もありましたが、子どものキラキラとした瞳に励まされ、乗り切ることができました。読むことの楽しさが伝えられるよう、これからもさらに練習を重ねてまいります。

また、責任実習では、指導案どおりに進まず、事前の想定不足を痛感しましたが、先生方のご助言でどう改善したらよいか明確になりました。後期の模擬授業で挑戦しようと思っています。

今回の実習は貴重な経験となっただけでなく、幼稚園教諭になりたいという思いが、一層強くなりました。残りの学生生活を充実させ、自身を絶えず磨いてまいります。

本当にありがとうございました。

先生方のご健康を衷心よりお祈り申し上げ、取り急ぎ、右、お礼の挨拶にて失礼いたします。

敬具

平成○○年九月△△日

○○○○短期大学
△△△△学科
昭和花子

○○幼稚園
園長　△△△△先生

---

❶ 前文
頭語の「拝啓」から改行せず時候の挨拶と続ける。

❷ 主文
用件を伝える主の部分。実習中に学んだことに対する感謝を具体的な場面を取り上げて書く。実習に対する反省点や抱負などを謙虚に書く

❸ 末文
手紙の締めとなる挨拶のあとに、頭語に対応する「敬具」を結語に使用する。

❹ 後付け
日付、署名、宛名を書く。部署宛てなら「御中」

🚩 ポイント

▶ 白地の罫線入り縦書きを用いる。
▶ 筆記用具は黒色またはブルーブラック色のボールペンまたは万年筆を使用する。
▶ 修正液の使用は避ける。
▶ 便箋は2枚以上書くのがマナー。

④　封筒の書き方

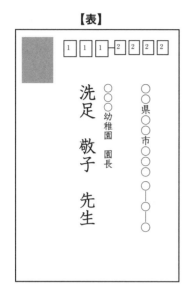
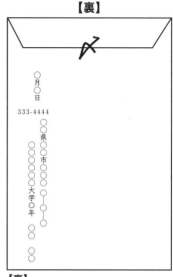

【表】
- ハガキ同様、園名に加え肩書きも書く。
- 宛名は封筒の中心に書く。
- 差出人の住所・氏名を忘れずに書く。
- 重さを計り、切手の金額を確認した上で投函する。

【裏】
- 封を閉じる場合、セロテープではなく糊を使い、とじ目は「〆」とする。「×」ではない。
- 縦書きは【表】同様、数字は漢数字で書く。
- 郵送の場合、左上に投函日を書く。

⑤一筆箋

　一筆箋とは、縦18.2センチ×横8.6センチで、折り曲げることなく封筒に入れることができる便箋のことです。

　手紙ならではの定型フレーズ「拝啓」「敬具」「貴社ますますご清栄のこととお慶び申し上げます」などの形式にとらわれる必要はありません。たとえば、お土産、お中元、お歳暮などの贈り物を送るとき、借りていた物を返すとき、仕事で商品や必要書類、請求書や資料を発送するときなど、利用するのに適しています。便箋よりかしこまらずに使えるため、ちょっとしたメッセージを添える時に便利です。

借りていた物を返すとき

```
昭和太郎先生
前略　失礼いたします
過日は参考文献をお貸しくださりありがとうございました。おかげ
さまで、レポートも無事完成しました。さっそくお返しにうかがい
ましたが、あいにくご不在とのこと。また私も週明けから3週間の
実習に入ってしまい、しばらくお目にかかれません。助手の先生が
預かってくださるということですので、お預けします。取り急ぎ、
お礼の挨拶にて失礼いたします。
　　　　　　　　　　　　　　　　　　　　　　　　　　　　草々
　　　　　　　　　　　　　　　　　　　幼児教育学科　洗足花子
```

ポイント
- 絵柄や色付の一筆箋を使用するのもよい。
- 相手の名前、書きだし、本文、結び、自分の名前を一枚に収める。

（3）メール

　保育者として園からメールアドレスを付与された場合、それは仕事用のメールアドレスです。園の電話同様、私用で使うのは厳禁です。メールも電話や手紙同様に大切なコミュニケーションツールです。社会人として恥ずかしくないような、メールのマナーを学びましょう。

①基本的な書き方
　以下を例に作成の基本的な手順とポイントを学びましょう。

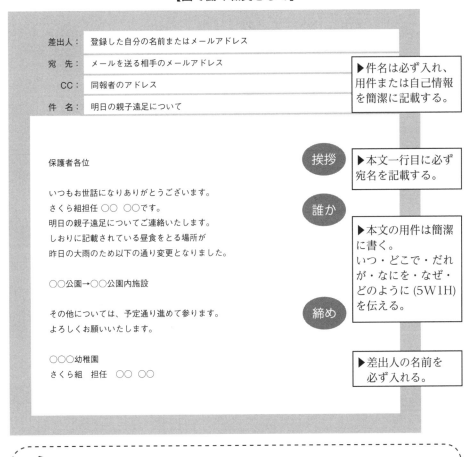

【園で働く職員として】

> 📌 **ポイント**
> ▶同時メールの指定（CC）は、メールの主体となる人以外にも同時にメールを送ることができる。

第4章　社会生活力

②文章表現

演習

【学生の立場として】以下の先生に対するメールを正しく直しましょう。

差出人：　登録した自分の名前またはメールアドレス
宛　先：
CC：
件　名：

おはようございます。
先生に相談があります (＞＜)。
今日お昼休みに研究室にいきます (..)

【解答例】

差出人：　登録した自分の名前またはメールアドレス
宛　先：　メールを送る相手のメールアドレス
CC：
件　名：　個人面談のお願い（○○学科　昭和花子）

○○学科　○○　○○先生
○○学科○年○○番　昭和花子です。
幼稚園の就職活動についてご相談があります。
先生のオフィスアワーの時間で、
○月○日の10時のご都合はいかがでしょうか。
お忙しいところ恐縮ですが、
どうぞよろしくお願いいたします。

○○学科○年○○番　昭和花子

▶件名は必ず入れ、用件または自己情報を簡潔に記載する。

▶本文一行目に必ず宛名を記載する。

▶本文の用件は簡潔に書く。
いつ・どこで・だれが・なにを・なぜ・どのように (5W1H) を伝える。

ポイント
▶話し言葉、絵文字、記号は使用しない。
▶正しい敬語を使う。
▶送信する前に日時・場所など重要事項は必ず確認する。

第２節　コミュニケーション技術

③相手への配慮を忘れずに

　園のメールアドレスに届いたメールを自宅のパソコンや携帯電話に転送されるよう設定している教職員も多くいます。そのため、早朝や深夜にメールを送信すると、メール着信音が就寝の妨げ、迷惑になることがあります。

　常識的な範囲として、朝８時ごろから深夜11時ごろの間にメールをするようにしましょう。

　メールは相手がどのような環境にいようとも、連絡したい内容をすぐに送ることができ、添付ファイルや写真の共有ができる便利なツールです。ただ、謝罪をする時や緊急を要する場合にはメールは適切な手段とはいえません。電話をかける、または直接出向くなどして対応をしましょう。メールの長所と短所を理解した上で正しく使いましょう。

（４）地図を書く

　ここでは、書き方のコツがある地図についてその技術を学びます。現代では、世界中のあらゆる場所をインターネット上の地図で調べることができます。拡大や縮小も思いのまま、様々な交通手段での希望のルートも瞬時に教えてくれます。そんな便利な世の中ですが、社会に出ると自らの手で地図を書く、さらに他人の手で書かれた地図を読む、という場面に出会うことも非常に多くあります。

　保育者の場合、「書く」立場では通勤経路表、「読む」立場では園児の家庭調査票などが主なものです。しっかり読み・書きができるようになりたいものです。

①略地図の書き方のポイント

　「しょうわ学園駅」から「しょうわのさと保育園」への地図を例に作成のポイントをおさえましょう。

❶出発地点を下、目的地を上にして書く

　北の方角を上部に、というのが一般的な地図のルールです。しかし「わかりやすさ」を追求する手書き地図の場合は、必ずしもそうである必要はありません。出発地点を下に、目的地を上に置くことをすすめます。「前に向かって」進む、地図の読み手に寄り添った親切な地図となるからです。

❷出発地点で進行方向を間違わないようにする

　これが一番重要です。特に駅の出口など混乱しやすい場合には「南口」「Ｂ２出口」などと必ず付加しましょう。

❸できるだけ正確な形や角度で書く

　どの道も水平に走っていたり、垂直に交わったりしているということはありえません。実際の角度にできるだけ近づけて書きましょう。

❹曲がり角では必ず目印を書く

　どこで曲がるのか、どの方向に曲がるのかが確実に伝わるように書きます。また、

89

第4章　社会生活力

大きな施設の建物や看板は、道の途中であっても書き込みます。進んでいる道が間違ってないという安心感を読み手に与えることができます。特に、郵便局などの公共の施設や信号や交差点名は大事な確認のポイントとなります。また、最近はコンビニエンスストアも多くあり、目印になりますが、途中に何軒もあるので、ABストア、XYマートなど固有名詞を入れておくとより安心です。

❺必要のない道は省略する

目的地までの道程とかかわりのない細い脇道などを全て書き込む必要はありません。必要最小限の情報を入れることが、見やすい地図を書くポイントであり、手書き地図の利点とも言えます。

【図】手書き地図の例

✏️ 演習

学習したポイント❶〜❺を参考にして、最寄り駅（または最寄りのバス停）から実習先の保育所までの道のりを書いてみましょう。

（5）伝言を残す・メモをとる

　ここでは、コミュニケーション技術として、伝言の残し方を学びます。園の代表として電話をとりますが、伝言を聞いて、正しくつなぐことは社会生活上必須の技術です。その対応のしかたは、職員や保護者との信頼関係にも影響を与えます（☞（1）①電話を参照）。そこで、よりよい電話対応やスムーズな業務につなげるために、「メモをとる」ことについても詳しく学習しておきましょう。

①電話での伝言の残しかた

　電話は「3コールまでにすみやかに電話をとり」「正しく伝言を残し」ます。通話の内容をメモに残す際は、相手の名前や所属、連絡先をメモにとり、復唱して正しいことを確認してから電話を切るようにします。特に、発信者の話したい相手が席をはずしている場合は必ずメモを残しましょう。メモの際の必要事項は以下のとおりです。

【電話メモの必須事項】

> 　　🖊　宛名（誰宛ての電話だったか）
> 　　🖊　電話を受けた日時
> 　　🖊　相手の所属・名前・連絡先
> 　　🖊　用件
> 　　🖊　今後の対応方法（折り返しなのか、再度の電話を待つのか）
> 　　🖊　メモ記載者（あなた自身の名前）

　このような内容を確実に、かつスムーズに伝えるために、電話の横、または自分の手の届くところに、必ずメモ帳とペンを用意しておくようにしましょう。

🖊 演 習

2人一組になり、電話の際のメモのとり方を練習しましょう。

　次の会話文の＿＿＿＿＿部に自由な語句を入れて、会話をしてみましょう。電話発信者役【A】は、受け手【B】が正しくメモをとることができたか確認しましょう。

　【A】電話の発信者　【B】電話の受け手（メモをとる人）
　B：もしもし、しょうわのさと保育園のBと申します。
　A：もしもし、わたくし＿＿＿＿＿組に通っております＿＿＿＿＿＿＿＿の母ですが、
　　　＿＿＿＿＿＿＿＿先生はいらっしゃいますか。

B：今、登園してくる子どもたちの受入れでお部屋に入っています。
　　もしよろしければご伝言を承りますが。
A：伝言をお願いいたします。うちの子が昨晩_____度の発熱をしました。
　　今朝は平熱に下がっていますが、念のためこれから病院を受診するので、
　　登園が_____時頃になりそうです。
B：わかりました。（上記内容を復唱する）ですね。
　　_____先生に伝えておきます。お大事になさってください。
A：ありがとうございます。失礼いたします。
B：失礼いたします。

②保護者対応時のメモ

　保護者とのコミュニケーションは、家庭での子どもの様子や保育者に対する期待について
よりよく知ることができる大切な時間です。そこでやりとりした内容をメモにとることは、その後の保育に活かすことができるだけでなく、万が一トラブルになった際にも大変重要な資料になります。

　保護者との信頼関係の構築、さらに職員間での情報共有のために、メモをとることを怠らないようにしましょう。それによって「言った／言わない」のすれ違いを避けること、自分ひとりで判断せず上司などに相談し適切な判断を仰ぐことができます。このように、メモは「伝える」ためだけでなく、「記録を残す」という役割もあることを理解しましょう。園児別に情報を整理することもおすすめします。

【保護者対応時のメモ】

- ✎ **会話の状況**……電話／立ち話／面談など
- ✎ **会話の内容**……正確に記録する。
　　　　　　　　　先方の話の情報量が多いとき、聞き逃しそうだと思ったときは
　　　　　　　　　「○○さんの話をきちんとお聞きしたいので、メモを取らせて
　　　　　　　　　いただいてもいいですか？」と断りを入れる。
- ✎ **経過（または結果）の記録**……継続的に連絡をとる場合はその経過を逐一記録
　　　　　　　　　する。

③保育中のメモ

　とりわけ実習生として保育現場に入る場合は、子どもの様子や保育者がどう援助しているかなどについてメモをとりましょう。そうすることで実習日誌の記述や振り返りにもつながります。その際は、次のようなことに気をつけましょう。

●メモの許可を得る

　メモを書くことに時間をとらずに保育に集中してほしいという実習園もあります。保育室での筆記用具の使用が可能か、メモをとることが可能かをあらかじめ必ず確認しておきましょう。

●子どもへの配慮

　筆記用具を選ぶとき、使用するときは、子どもへの危険がないかをまず考えましょう。ペンを持ったまま子どもに応対したり援助したりすると、尖ったペン先が子どもを傷づけてしまう可能性もあります。また、キャラクターの絵がついている派手なものは子どもたちの興味を必要以上に引き、実習どころではなくなってしまうかもしれません。いつでも、実習の妨げにならないかどうかを考えるようにしましょう。

●メモの取り方

　メモを取る時は、"簡潔に手際よく"が重要です。具体的には次の事項に気を付けましょう。

【保育中のメモのポイント】

> ✎ **５Ｗ１Ｈが基本！**
> 　　誰が／いつ／どこで／何を／なぜ／どのように
>
> ✎ **略語も効果的に**
> 　　子どもは「子」「Ａ子」、保育者は「保」「ほ」など簡潔に。
>
> ✎ **会話文は状況に応じて**
> 　　カギとなる会話、気になった会話は略さずにそのまま「　　」で記述。
>
> ✎ **疑問点も忘れないうちに**
> 　　疑問点は大小にかかわらず忘れないうちに書き留める。保育者からのアドバイスも具体的に得ることができるし、その後の考察に大いに活用できる。

　メモは他人に見せるために書くものではありませんし、「メモをとること」が第一義になってはいけません。しかし、状況に応じて効果的にメモをとることで、よりスムーズなコミュニケーションや信頼関係の構築につながることが理解できたでしょうか。

第4章　社会生活力

第3節　個人情報保護

　ここでは、保育現場で預かる個人情報の保護について取り上げます。2017（平成29）年告示の保育所保育指針第1章総則に、「保育所は、入所する子ども等の個人情報を適切に取り扱うよう努めなければならない」とあります。どのように取り組むといいのでしょうか。

①守秘義務

　まず、大事なことが守秘義務です。保育にあたって知り得た子どもや保護者に関する情報は、正当な理由なく漏らしてはなりません。児童福祉法第18条には、保育士の秘密保持義務が明記されています。

②個人情報の保護に関する法律

　同法第3条においても、個人情報は「個人の人格尊重の理念の下に慎重に取り扱われるべき」ものであることが示されています。最近では、ほとんどの保育所が子どもの名簿を作成せず、配布もしていないと聞きます。これは、保育所の保有する個人情報が何らかの理由で外部に漏れてしまい、園児の家庭にランドセルの案内や塾の勧誘や、七五三のちらしなどが大量に送りつけられることが発生したからです。残念ながら人為的なミスはゼロにできないため、持っているからこそ起きる事故を防ぐために、名簿を作らないことにしたのです。

　保護者同士の交流や地域交流などに必要な情報交換等については、保育所は関知しないところですが、関係者の承諾を得ながら適切に進められています。

③個人情報とは何か

　個人情報保護法の第2条に、定義があります。「個人情報とは、生存する個人に関する情報であって、当該情報に含まれる氏名、生年月日その他の記述等により特定の個人を識別することができるもの（他の情報と容易に照合することができ、それにより特定の個人を識別することができることとなるものを含む。）」とあります。「他の情報と容易に照合することができ」、特定の個人を識別できれば、個人情報です。

④個人情報保護マニュアルの整備

　情報を保護するためには、個人情報保護マニュアルを整備して、履行することが大切となります。トラブルのほとんどが、紛失・盗難といった個人情報を扱う際の単純なミスや名簿等に関するずさんな管理が原因です。

⑤情報収集時に守るべきこと

　個人情報を収集する際には、利用目的を明確にし、当該者に通知することが必要です。通知の仕方は、例えば、「住所・氏名などの個人情報は、本園からの案内等の発送（緊急連絡）のために使用し、目的外に利用することはありません」などです。

⑥利用目的に関係しない情報は収集しない

　例えば緊急連絡網は、電話のみで対応し、郵便物等を利用しないのなら、現住所、郵便番号等は必要ありません。「念のため」とか、「とりあえず」といった発想は捨てて、収集する情報は絞り込むことができます。

⑦情報を持ち出すときの注意

　「指導要録」などは持ち出せないものと定め、周知徹底して守るようにします。持ち出せる物は、持ち出す時のルール（注意事項）を定め、徹底して守るようにします。

・ 教員が厳重管理する

　「名簿（学校、クラス、クラブ等）」「連絡網」等を持ち出す必要がある場合は、「個人情報取り扱い記録（台帳）」に日時、氏名、保管場所などを記入してから持ち出します。厳重管理の方法として、名簿や連絡網が記入された紙は肩からかけられるバッグに入れて、肌身離さないようにすることと決めているところもあります。過去にあった個人情報の紛失例が、電車やバスの中にバッグごと置き忘れたり、ひったくられたり、手に持っていて風で飛ばされたりする事故だったからです。

・ 配布の後に回収して廃棄する

　園外保育で、保護者の協力を得る場合など、各種名簿・連絡網等を配布することがありますが、終わったら枚数を確認して回収し、教員が責任をもって廃棄します。

⑧廃棄時のルール

　廃棄の仕方も慎重に行います。園外保育時に用意した連絡用名簿なども、帰り着くと用がなくなり、価値のないものと判断しがちです。ごみ箱に不用意に捨てたりしてはいけません。「ゴミ箱あさり」は、古来よりスパイ活動の常套手段です。廃棄時には、個人情報を復元不可能な状態にして、廃棄することが大切です。

　具体的には、個人情報が含まれる「紙媒体」の場合は、シュレッダーにかけるのが原則です。再利用で裏紙にうっかり使ってしまい、そこから漏えいすることがよくありますので、しっかり区分けし、シュレッダーにかけましょう。

第4章　社会生活力

第5章　学ぶ力

　本章では、みなさんが大学生として充実した学習活動を送るための能力として6つの「力」を設定しました。

　保育の言葉の領域や「国語」の教科で求められる言語活動は「読む」「書く」「聞く」「話す」の4つの行為です。本章では、この4つの言語活動に加えて、「調べる力」「質問する力」を設定しました。

　さまざまな資料を読み、調べたことや考えを書き、相手の話を聞き、自分の考えを話す。そして課題や疑問を調べる。さらに、調べてもわからないことを質問する。このような力を身につけ、保育者として子どもの言語活動のみならずさまざまな活動を援助する糧にしましょう。

第1節 読む力

　日本語を使用する私たちが、日本語で書かれた文章を読むのはごく日常的な行動です。文字を習得していない乳幼児はともかく、コミュニケーションの道具として文字は欠かすことができません。メールやメッセージ、新聞・雑誌・書籍、あるいはインターネット上の記事など、ほぼ毎日、何かを読んでいることでしょう。本節では、この「読む」という行為を考えていきます。

（1）日本語の文字と読み

　日本語はどのような文字で表記するでしょうか。漢字・平仮名・片仮名ですね。時にはアラビア数字（算用数字）やアルファベットを使うこともあるでしょう。

　縄文時代の日本には文字がありませんでした。しかし、文字がないと不便なので、中国で発明された文字（漢字）を取り込んで使うようになりました。日本に漢字が伝来した時期は諸説ありますが、おおむね弥生時代の終わり（3世紀中頃）から古墳時代、飛鳥時代（6世紀～710年）にかけて、段階的に入ってきたようです。

　しかし、元々日本の民族が話していた言葉と中国の民族が話していた言葉そのものが異なるため、不都合な点が出てきました。

　例えば、平らな土地に較べて高く盛り上がった、土や岩でできた部分を、文字のない時代の日本の民族は［ヤマ］と呼んでいました。一方、中国ではそうした部分を「山」と書き表し、［セン］または［サン］と発音していたのです。日本の民族は、中国から漢字を受け入れると同時に、この中国式の読み方も取り込みました。元々日本語で使っていた言葉に、中国の漢字を当てはめ、中国の発音も取り込んだというわけです。

　元々日本語として使われていた言葉に漢字を当てはめたとき、その読み方を＜訓読み＞と呼びます。また、中国から取り込んだ読み方を＜音読み＞と呼びます。先の「山」でいえば、［ヤマ］と読むのが＜訓読み＞、［セン］または［サン］と読むのが＜音読み＞です。

　このように漢字を取り入れて、日本の民族は言葉を文字に書き残すことができるようになりましたが、日本語は中国語と同じではないため、不便な点がありました。例えば「私が」の「が」や「行きました」の「きました」のように、助詞・助動詞や用言（動詞・形容詞・形容動詞）の活用語尾などを表す文字がなかったのです。そのため、日本語として使いやすいように、奈良時代からさまざまな工夫が行われ、その結果、平仮名と片仮名が生み出されました。平仮名はある漢字を大きく崩した上で簡略にしたもの、片仮名はある漢字の一部を取り込んだものです。

「あ」「ア」の文字についていえば、「安」の文字から作られたのが「あ」、「阿」のこざとへんの部分を取り出したのが「ア」です。

さて、中国からやってきた漢字は、文字そのものに意味があります。「山」という文字自体が平地に較べて高く盛り上がった場所を表します。しかし、発音どおり平仮名で「やま」、片仮名で「ヤマ」と表記しても、「や・ヤ」「ま・マ」の文字には意味がありません。

漢字のように、文字そのものに意味があるものを＜表意文字＞（または＜表語文字＞）、平仮名や片仮名のように文字に意味がなく、音だけを表すものを＜表音文字＞といいます。Aやbのようなアルファベットも＜表音文字＞です。世界的に見ると、＜表音文字＞を使う人が圧倒的に多いのですが、日本語は＜表意文字＞と＜表音文字＞を組み合わせて使う極めて稀な言語です。

このように複雑な成り立ちで生まれたのが日本語の文字表記であるため、読み方に苦労する場合があります。

まず、平仮名を覚え始めたころの幼児期に混乱するのが「は」「へ」の使い分けです。［コンニチワ］と発音するのに「こんにちわ」ではなく「こんにちは」と書かなければならなかったり、［ホイクエンエ］と発音するのに「保育園え」ではなく「保育園へ」と書かなければならなかったり、ということを経験を通して学んでいきます。

次に漢字を学び始めてから現れるのが、音読み・訓読みの適切な組み合わせです。「様子」という言葉は［ヨウシ］ではなく［ヨウス］と読まなければならない、「お子様」とあったら［オコサマ］と読まなければならないといったことを積み重ねて学習していきます。

しかし、中には誤った読み方が次第に広まる例もあります。次の言葉はどのように読むべきでしょうか。

　　＊重複［ジュウフク？　チョウフク？］
　　＊貼付［テンプ？　チョウフ？］
　　＊出生率［シュッセイリツ？　シュッショウリツ？］

いずれも現段階での望ましい読み方は後者で、前者は誤りです。ただし、言葉は絶えず変化するものですから、誤って使う人が大多数を占めるようになれば、いずれはそれが正しい読み方と認識されていくかもしれません。例えば「情緒」は［ジョウショ］が本来の読み方ですが、現在は多くの人が［ジョウチョ］と読んでしまい、それが定着しました。しかし、そうした誤った使い方を先導するような態度は持たないようにしてほしいものです。

演習

近年、読み誤りが増えていると指摘される言葉を探してみましょう。

第5章　学ぶ力

（2）読み解くために必要な語彙

　何かの文章を読んでいて、意味がよくわからないということはありませんか。わからない文が作られる背景には書き手・読み手双方の問題があります。

　　【1】書き手の文が稚拙、あるいは文法的におかしい。

　　【2】読み手にとって理解できない言葉がある。

　【1】は書き手の問題なので、ここではふれません（☞本章第2節「書く力」参照）。一方、【2】は読む側が理解するのに必要な語彙を持たないという問題です。

　＜語彙（vocabulary）＞とは、ある一つの言語体系で用いられる言葉の総体です。つまり、日本語話者としてどれくらいの日本語を使いこなせるかということです。

　ここで乳幼児の言葉の獲得について考えてみましょう。

　乳児は、口から音を発する機能が発達し、生後1か月あたりから「アー」「ウッウッ」などの音を発するようになります。これをクーイングと呼びます。まだ舌や唇そのものを使った発声ではありませんが、この音に反応する相手（保護者など）が存在することで、コミュニケーションが始まっていきます。

　生後2～3か月を過ぎると、もう少し複雑な、それでいてまだ言葉としての意味を持たない「アブー」「マッマ」などの音を発することができるようになります。これを喃語といいます。

　発声に必要な機能が発達すると同時に、保護者や身近な人々の会話を聞き取り、言葉を話すことや言葉それぞれに違う意味があることを徐々に理解していきます。小林哲生らの調査によれば、乳児が最も早く使い始める語は「まんま」「いないいないばあ」「パパ」「ママ」「はい」となっています。身の回りの人に関する言葉や生きていく上で必要な言葉をまず覚えます。身の回りのもの（名詞）や挨拶の言葉に続き、やがて、述語となる動詞（食べる・歩くなど）や形容詞（暑い・痛いなど）、形容動詞（きれいだ・静かだなど）、さらに接続詞（だから・でもなど）も使いこなせるようになります。

　このように生活圏が広がり、さまざまな経験をする中で、語彙を獲得していきます。そして、具体的なものから、目に見えない抽象的な語彙までも獲得していくのです。

　日本人の標準的な語彙数は

　　小学生レベル：5千～2万語

　　中学生レベル：2万～4万語

　　高校生レベル：4万～4万5千語

　　大学生レベル：4万5千～5万語　（林大監修『図説日本語』、角川書店による）

といわれます。大学生であれば、45000から50000の日本語の意味を理解し、使いこなすことができるということです。

　次の文はいずれも著名な児童文学・絵本の一節です。どのような意味の言葉かわか

りますか。

　＊ひょうじゅうが、白いかみしもをつけて、いはいをささげています。

（新美南吉『ごんぎつね』）

　＊玄関は白い瀬戸の煉瓦で組んで、実に立派なもんです。

（宮沢賢治『注文の多い料理店』）

　＊そして外へ出ると、はたして、太陽は木のこずえの上に元気よくかがやいていました。
（小川未明『野ばら』）

　絵本であれば、挿絵から推測できる場合もありますが、通常の文であれば、挿絵が手がかりになるわけではなく、言葉そのものの意味を知らないと理解できません。

　もう少し抽象的な言葉について確認してみましょう。文化庁では 1995 年以降、毎年「国語に関する世論調査」を行い、新しくできた言葉や敬語の使い方、言葉の正しい意味などを発表しています。この調査で取り上げられた、誤った意味で使う人が増えている言葉を見てみましょう。次の下線部の言葉の意味はどちらが正しいでしょうか。

　＊まんじりともせずその時間を過ごした（平成 25 年度）

　　　　　A　じっと動かないで／B　眠らないで　　　　　　（正解 B）

　＊徐（おもむろ）に振り返った（平成 26 年度）

　　　　　A　急に／B　ゆっくりと　　　　　　　　　　　　（正解 B）

　＊彼は奇特な人だ（平成 27 年度）

　　　　　A　優れていて感心だ／B　奇妙で珍しい　　　　　（正解 A）

　誤った意味を選んでいませんか。あるいはどちらかもわからないということはありませんでしたか。

　このような事態に陥らないためには、日頃から年齢にふさわしい文章を読み、わからない言葉がある場合はそのままにせず、国語辞典などで確認する必要があります。そうして理解した言葉は、自分自身の語彙として蓄積されていきます。

　＜辞典＞には、日本語の意味を調べる国語辞典、漢字の形や読み方を調べる漢和辞典、英単語の意味を調べる英和辞典などがあります。また、植物や昆虫、地名、薬など特定の分野のものやことを説明する＜事典＞もあります。保育や幼児教育についての事典もあります。

　国語辞典で日本最大のものは『日本国語大辞典』（小学館）です。全 14 巻、50 万項目が収められ、日本で唯一の（そして世界的にもトップクラスの）大型国語辞典です。また、10 万〜 20 万項目を収める辞典を中型辞典と呼び、『広辞苑』（岩波書店）の他、『大辞泉』（小学館）、『大辞林』（三省堂）などがあります。

　しかし、これらの大型・中型辞典は持ち運びに不便で、引きにくい欠点があります。手元に置いて調べるには小型辞典のほうが便利でしょう。近年は、様々な特徴を

第 5 章　学ぶ力

持つ小型の国語辞典が刊行されています。未知の言葉の意味を調べるには携帯端末や電子辞書も普及していますが、こういうときにはどのような言い方ができるのか、この言葉とこの言葉は意味が似ているけれどもどう違うのか、といった疑問を解決するには、国語辞典に勝るものはありません。

> ✎ **演 習**
> 　文化庁「国語に関する世論調査」
> http://www.bunka.go.jp/tokei_hakusho_shuppan/tokeichosa/kokugo_yoronchosa/index.html
> の任意の年を選び、そこで取り上げられている日本語について話し合いましょう。

（3）読み取る力

　私たちは獲得した語彙を脳内でフル活用して文を読み取っていきます。しかし、獲得している語彙では読み取れないことも起こってきます。

　次の文章は、ある物とそれを使った行為についての説明文なのですが、何について書かれたものかわかりますか。

例）雑誌より新聞紙がいい。路上よりは海岸の方がいい場所である。最初は、歩くより走る方がいい。あなたは何回か試さなければならないかもしれない。ちょっとした技術は必要だが、会得（えとく）するのは簡単である。小さな子どもでも楽しめる。一度成功すると、困難な状況は最小限になる。鳥はめったに近づかない。しかしながら、雨はすぐさまびしょ濡れにする。あまりにも大人数で同じことやろうとすると、面倒を起こすかもしれない。一人がかなりの広さを必要とする。もし、何も面倒ごとがなければ、いたって平和なものである。石は錘（おもり）として役立つだろう。しかし、もし何かが外れてしまったら、やり直しはきかないだろう。

(John D. Bransford & Marcia K Johnson、1972 年、執筆者訳)

　これは一体、何を説明しているのでしょうか。

　正解は「凧揚げ（の凧)」です。正月の光景としてかつてはいろいろなところで目にした光景です。

　例文を読んだ段階で「あっ、凧揚げだ！」と気付いた人もいるでしょうし、少し考えて「なるほど……」と得心した人もいるでしょう。あるいは、正解を聞いても今一つすっきりしない人もいるかもしれません。

　こうした差は、一人ひとりが既に獲得している語彙を脳の中でどのように関連づけているかによって変化します。認知心理学の領域では＜スキーマ理論＞と呼びますが、自分の獲得している語彙がさまざまな方向に関連づけられていると、文章を読み進め

第1節 読む力

ていく間に、いろいろな可能性を模索し、予測していくことができるのです。逆に言えば、せっかく獲得している語彙であっても、他と関連づけられていなければ文章としての意味がわからないという事態に陥ります。

例えば「陶冶」という言葉があります。元々は土や金属を材料にして道具（陶器・鋳物）を作るという意味です。まだ形の定まらない材料を用いて、はっきりとした役目のある道具を作るということは、人間の成長に通じます。私たちは一人ひとり、異なる性質や能力を持っていますが、それは最初は目に見えません。そうした性質や能力を育て上げていくのは教育です。そのため、教育の分野で、一人ひとりの子どもを育てることも「陶冶」といいます。

粘土から陶器を作るときに「陶冶」という言葉を知り、その後、教育に関することを学んでいく中で「陶冶」という言葉を目にしたとき、スキーマが活性化され、粘土や金属が道具に作り上げられていくイメージと子どもの性質や能力が形成されていくイメージとが重ね合わされて、教育の分野における「陶冶」という言葉が自分の中で定着していきます。

このように、新たな文章を読むときには、これまで獲得し蓄積した語彙を使って理解し、新たな言葉が出てきたときにはしっかりと定着させることが必要です。そのためには、いろいろな文章に触れ、考えながら読むという習慣を心掛けてください。

演習

　読売新聞「編集手帳」や朝日新聞「天声人語」など、新聞のコラムを5日間通読しましょう。その際、未知または不明確な言葉を調べながら読み進めましょう。

103

第2節　書く力

　保育者は、毎日の子どもの記録、保護者に向けたお便りや連絡帳など、たくさんの文章を書きます。文章を書く際に何よりも大切なことは、相手に正しく伝わるように書くということです。

（1）「書き言葉」で書く

①書き言葉

　話すことと書くことは違います。そして「書く」といっても、普段みなさんがスマートフォンを使って LINE や twitter などで友達とやりとりをするのは、本節で述べる「書く」こととは違います。それは「話し言葉」を文字に置き換えているに過ぎません。きちんと書くためには、「書き言葉」を使って書く必要があります。話し言葉と書き言葉はどのような違いがあるでしょうか。

　まず、使う言葉が違います。「やっぱり」「でも」といった言葉は書き言葉ではありません。「やっぱり」は「やはり」、「でも」は「しかし」と書きます。

> ✎ **演習**
>
> 　以下は、学生が文章の中で誤って使ってしまいがちな「話し言葉」です。それぞれ正しい「書き言葉」に直してみましょう。

1	～みたいな		2	おかあさん	
3	～ばっかり		4	たぶん	

　他に「違くて」といった表現は使いません。「違う」は動詞なので「違わない」「違います」「違う」「違うとき」「違えば」「違え」と活用します。形容詞のように「違かろう」「違かった」「違くない」「違くて」という表現はしません。

　＜ら抜き言葉＞も書き言葉では使いません。「来れる」ではなく「来られる」が正しい言葉です。「～することができる」というときに「れる・られる」を使いますが、「られる」は「～ない」をつけたときに直前がイ段（例：見る・着る）、エ段（例：見せる・寝る）、オ段（来る）になる動詞につくものです。「見れる」ではなく「見られる」、「着れる」ではなく「着られる」、「見せれる」ではなく「見せられる」、「寝れる」ではなく「寝られる」となります。「られる」には受身・尊敬・自発の意味もあるので、「～することができる」という意味と区別するための変化と捉えることもありますが、現在の日本語としては誤った表現です。

　他にも＜い抜き表現＞と呼ばれるものがあります。「読んでる」「書いてる」などです。

＜い抜き表現＞は話し言葉においては気にする人はあまりいません。しかし、きちんとした書き言葉では＜い抜き表現＞を使いません。「読んでる」ではなく「読んでいる」が正しい表現です。

②相手を想像して書く

　話しているときは言葉だけではなく、相づちや表情などを使ってコミュニケーションをとりますが、文章では言葉のみで相手に伝えることが必要です。そのため、文章を書くときには、読む相手を想像しながら、丁寧に言葉を選び、組み合わせていくことが大切です。

　実習中に書く実習日誌は実習園や大学の教員、そして将来の自分が読みます。自分自身の記録であると同時に、目上の方から評価されるものでもあるので、丁寧かつ詳細に書く必要があります。

　実習後のお礼状は実習担当者や施設長の先生が読みます。実習担当者と施設長の先生の両方にお礼状を書くこともありますが、日々の活動を指導いただいた担当者と全体的な指導をなさる施設長に対して、同じ文面になるはずはありません。相手に合わせた文章を書かなければ、とても白々しい印象を与えてしまうでしょう。

　連絡帳は特定の保護者が読みます。くだけた表現は避けるべきですし、よその家庭のことは決して書いてはいけません。また、保育室前の掲示やクラスだよりなどはすべての家庭の人がわかるように書かなければなりません。

（2）読みやすい文字

　相手に正しく伝わるように書くためには、正しく読んでもらうことが必要です。そのためには読みやすい文字で書くことが大切です。

①正しく筆記具を持つ

　まずは、右のイラストのように正しく筆記具を持ちましょう。鉛筆やボールペンの持ち方は箸の持ち方と同じです。箸を持ったまま親指側にある箸を抜くと、鉛筆の持ち方になります。箸の持ち方は第3章第2節を参考にしてください。正しく鉛筆やボールペンを持つと、無理なく丁寧に字が書けるようになります。正しくない持ち方では、無駄な力が入ってしまい疲れやすくなります。

②正しい姿勢

　読みやすい文字を書くためには、筆記具の持ち方だけではなく、正しい姿勢で書くことも大切です。正しい姿勢とは背筋を伸ばしてまっすぐに座り、身体と机が握りこぶし1つ分あいている状態です。身体が曲がっていると文字も傾きます。もちろん、紙もまっすぐに置いて書くようにします。

　意識をしていても自分の姿勢にはなかなか気が付かないものです。周りの人の姿勢

第5章　学ぶ力

の悪さに気付いたら伝えてあげましょう。
　姿勢を正して、正方形のマス目に「十」を書いてみましょう。無理なくまっすぐに描けていますか。曲がっているようでは他の文字も曲がってしまいます。

③バランスの取れた文字
　文字を書くときには、1文字ずつ丁寧に書きます。略字を使ってはいけません。とめ・はね・はらいはきちんと行います。漢字よりもひらがなの方を少し小さく書くとバランスの取れたものになります。字の中心を意識することも大切です。そして、正しい書き順で書くと字が整って見えます。

演習
　文字を書く練習として、以下のマス目に**「幼児期にふさわしい生活」**と書いて、周りの人と見比べてみましょう。

次に、マス目がないところに書いてみましょう。

　文字の間は均等になっていますか。上下にずれたりしていませんか。

④くせ字
　くせ字とは、整っていなくて、見栄えの悪い文字のことです。自分では正しく書けていると思っていても、読むのは相手なので、周りの人の指摘を謙虚に受け止めましょう。学生の中には平仮名のくせ字が多く見られます。「き」の4画目や「さ」の3画目はきちんと離します。「そ」の上部の間違いもよく見られます。他にも「ぬ」「ね」「れ」「わ」「を」「ふ」の形、「る」の突き出しなどいろいろなくせ字が見られます。生活の中で見られる平仮名にはいろいろな書体がありますが、幼児・児童向けの五十音表などで見て、自分の平仮名のくせを再確認してみましょう。また、カタカナの「シ」と「ツ」も正しく書き分けましょう。

⑤ハロー効果
　心理学でハロー効果と呼ばれるものがあります。100年近く前から知られていて、教育心理学の教科書には必ずと言っていいほど記述があるものです。これは、1つの特徴によって、評価が引きずられてしまう現象のことをいいます。例えば、見た目が魅力的な人は信頼できる人と捉えてしまうことがあります。人の見た目と信頼性には関係がないはずなのですが、文章においても、とても丁寧な字で書かれていると、

きっと内容も良いだろうと思い、逆に汚い字で書かれていると内容の印象も悪くなることがしばしばあります。丁寧な字を書くことを心掛けましょう。

（3）事実を正しく伝える

①5W2H

事実とは、実際に起こった事柄や現実に存在する事柄のことをいいます。保育の現場で書く文章では、事実を正確に伝える必要があります。そのためには、5W2H（☞本章第6節参照）を意識することが大切です。

②句読点の使い方

句読点とは、句点（。）と読点（、）のことです。句点は文の切れ目に使います。一方、読点は文中の区切れに使い、まったく使わないと読みにくくなりますが、逆に読点を打ちすぎても読みにくい文になります。原則としては、語句のつながりが強い箇所をまとめるように打ちます。無意識に息継ぎをする場所という言い方もします。

読点を1つも打たない例文を見てみましょう。

　　例1）こどもたちにとって馴染みの薄い昔話はたとえ絵本といえども読み聞かせだけで内容を伝えるのは困難である。

この場合、「こどもたちにとって」「馴染みが薄い」のは「昔話」になりますので、まずここで読点が必要になります。「たとえ」は逆接の「～ども」とつながりますので、「いえども」のところで読点が必要になります。

　　例1'）　こどもたちにとって馴染みの薄い昔話は、たとえ絵本といえども、読み聞かせだけで内容を伝えるのは困難である。

このように、例文では2箇所に読点を打つことで格段に読みやすくなります。

また、語句のつながりが強い箇所をまとめるということから、読点を打つ位置で意味が変わる場合もあります。

　　例2）A児は笑いながら走るB児を追いかけた。

この例では、笑っているのがA児なのかB児なのかはっきりしませんが、読点を打つことで、意味が明確になります。

　　例2'）A児は笑いながら、走るB児を追いかけた。（笑っているのはA児）
　　例2"）A児は、笑いながら走るB児を追いかけた。（笑っているのはB児）

例2は語順を替えることでも、意味を明確にすることができますが、読点の打つ位置のみでも、それが可能になるのです。

③豊かな語彙の効果

保育の現場で作成する記録や書類には、幼児の様子を書くことが多くあります。様子をより詳しく記述するために、どうする、どんなだ、なんだの部分にあたる述語に使う語彙を増やしておくことが保育者として必要です。例えば、「走る」に近い言葉に「急ぐ」「駆け足をする」「駆け寄る」「突進する」「飛び出す」などがあります。適

切な言葉を選んで使うと、幼児の様子を生き生きと記述することができます。また、「すごく」を多用してしまう学生も多く見られます。「すごく楽しい」「すごく嬉しい」「できるようになってすごかった」ではなく、具体的にどのように、という部分を記述することを心掛けます。

　なお、一般的に書き言葉では方言を用いません。しかし、地域ごとに特色ある文化がありますので、保育の記録では、子どもの自身の発話などは、むしろ方言のまま記録することに意味のあることも多く、適切な使い分けが必要となります。

✎ 演習

　次の例１は、Who（誰が）が後半になってようやく出てくるために、わかりづらい文になっています。また、Ｃ児が５歳児なのか、ごっこ遊びが５歳児クラスのものなのかがわかりにくくなっています。句読点をつけたり、並び替えたりして、正確に伝わる文にしましょう。

【例文１】　Ａ保育者にＢ児が泣いていることを５歳児クラスのごっこ遊びに加わっていたＣ児は伝えました。

　例２は、施設のことを紹介したものですが、未整理のままあれこれと盛り込んでしまい、わかりづらい文になっています。いつから、誰が、どうしてといった要素が未整理です。園長が設立当時の園長なのか、現在の園長なのかもわかりません。文を短くするだけではなく、何から書いたらよいかも含めて直してみましょう。

【例文２】　園庭が1200㎡を超えるこの保育園は、今から35年前にこのＡ市が土地開発を精力的に進めていた頃、Ｓ園長が子どもの遊びの重要性を説いて回り、園舎の環境整備や保育士の確保などに奮闘した末に、豊かな自然環境でのびのびと遊べるように建てられた施設です。

（4）感想と意見

①事実・感想・意見

　事実とは、実際に起こった事柄や現実に存在する事柄のことで、誰から見ても間違いのない事柄です。例えば、雲一つない快晴の日に「今日は雨です。」と言うのは事実ではなく偽りです。

　感想とは、心に思ったことや感じたことをいいます。「今日は晴れて嬉しい」というのは感想です。個人的に心の中で感じただけで、事実とは異なります。晴れて嬉しいのは誰から見ても間違いのない事柄ではなく、晴れて悲しい人がいるかもしれませんし、感情的なことに理由をつけることはできません。

　意見とは、ある問題に関する主張や考えのことをいいます。「今日はすっかり晴れているので、気持ちのいい天気です」というのは意見です。誰にとっても晴れが気持ちいい天気とは限りません。例えば、日照りが続いて農産物に影響が出ている時期の農家の方にとっては、心配な天気かもしれません。理由をあげながら主張するのが意見です。

②事実と事実でないことを書き分ける

　文章を書くときには事実と事実でないことをきちんと書き分けることが重要です。例えば保育日誌に突然、「A児の母親はモンスターペアレントです」と書くと、「誰から見てもA児の母親はモンスターペアレントです」と表現をしていることになり大変なことになります。書いた本人にとっては事実と言えるほど確かなことなのかもしれませんが、「それはあなたの勝手な考えでしょう」と言われる可能性があります。

　意見を書く場合は「A児の母親は～ということがしばしばあります。だから、モンスターペアレントだと考えます」と書くことが一般的です。書き手の意見であること、及びそのような意見を持つ理由を示すことで、読み手の「あなたはそういう理由で、そう思うのですね」という理解につながります。

③保育記録の書き方

　一般的に記録は事実のみを書くよう指導されることが多いですが、保育記録においては、書き手の感想や意見を書くことが認められています。例えば、事実を書くのであれば「A児は口角を上げ、じっとコップを見つめながら色水遊びをしていた」と行動のみを淡々と記録することになりますが、そうではなくて、「A児が色水遊びを面白がっていた」と書いてかまいません。保育者がA児と関わりながら、「A児は面白がっている」と解釈して行動したことも記録として重要だからです。

　また、話し言葉についてはカギ括弧「　」を使って表現します。幼児との関わりの中で例えば幼児の発した言葉がわかりづらいものだった場合は、自分が解釈した事を（　）で加えて、自身が解釈したこととして「ちゃっちゃった（お茶こぼれちゃった）」などと表記することがあります。

第3節 聞く力

　人間の知的な活動は「聞く」ことに始まります。赤ちゃんは母親の胎内にいる時から周囲の音や周りの人の声を聞き始め、言語理解が言語表出に先行しながら発達していきます。「聞く」行為が人間の学習の基盤となっているともいえます。

　本節では、皆さんが大学生として、また将来の社会人として、どのように「聞く力」を身につけていくかについて考えていきます。

（1）漏らさずに聞く

①高等学校と大学の授業の違い

　大学に入学したばかりの学生から「90分の授業が長くて、集中して聞くのが大変」「先生の教え方もいろいろ」「ノートをどのように作ったらよいかわからない」といった悩みを聞くことがあります。

　高校の授業は、同じ科目であれば同じ教科書を使い、先生は『学習指導要領』に沿いながら、資料の提示や板書を通して授業の内容を示していきます。こうした授業では、先生が板書をした内容をノートに「書き写す」作業がしばしば中心になっていたのではないでしょうか。一方、大学の授業はどうでしょうか。授業の内容や進め方は担当教員の裁量が大きく、教科書を使わない科目もあるなど、高校の授業形態とは大きく異なります。大学の学びはより主体的な学びであるため、皆さんは学びのスタイルを大きく変える必要があります。

②聞き取るということ

　大学の授業でも教員が板書することがあります。しかしその板書は、必ずしも授業の要点を整理するものではありません。授業のテーマや専門用語の説明、解説のための図であったりします。そのため、板書の内容のみをノートに記載したのでは、後から見た時に授業の全容をイメージできないことになります。

　大学の授業で重要なのは、教員が話す内容と話の展開に注目し、「漏れなく聞き取る」ことです。

　それでは「漏れなく聞き取る」とはどのような作業でしょうか。教員が話した内容を録音するがごとくに、ノートに一字一句記述することを思い浮かべたかもしれません。しかし、それは不可能です。「漏れなく聞き取る」作業とは、教員の話す内容を自分の言葉に置き換え、何が大切か、教員が話した意図は何か、自分が疑問に思った点はどこかなどを「積極的に思考」し、様々なことに注意を向けながら重要なポイントを抽出する作業です。高校の学習スタイルを板書や講義内容の「写真型（複写型）処理」とすると、大学の学習スタイルは「思考探究型処理」といえます。

　このように、大学の学びは能動的な思考活動であるため、学びの深さは、皆さんの

理解しようとする意欲、授業内容への興味、90 分間にわたる注意力、聞くことに対する意識の高さなどにより支えられています。

③聞き取り結果をアウトプットする

次に求められることは、積極的な思考活動の結果のアウトプットです。これがまさにノートづくりです。ノートづくりは、「漏れなく聞き取る」作業と自分の思考の結果を「紙面に記載していく」作業を同時に行うため、人間としても高度な作業といえます。日々の訓練と努力が必要ですが、これが身に付くと、社会人として仕事をする際にとても役立ちます。

（2）重要な点を聞く

それでは、講義の中で重要となるポイントはどうしたら抽出できるのでしょうか。

講義には、その日の授業を展開するための流れがあります。まず講義のテーマ、トピックスを押さえましょう。

「障害児保育」の授業で、その日のテーマが＜知的障害＞と仮定します。授業を受講するにあたり、まずしなければならないことはシラバスの確認です。このことにより、授業のテーマとトピックスをつかむことができます。授業の枠となるテーマとトピックスを事前に知ることは、その後の円滑な学びにつながります。

教員は「今日は、知的障害をテーマに話をします」と始め、＜知的障害＞というテーマと用語を押さえます。次に教員は授業で扱うトピックスを提示するでしょう。「本日の授業では、知的障害に対する考え方の変化、また障害程度の考え方の変化について取り上げます。まず最初は、日本の知的障害に対する考え方の変化についてです。そのあと、精神障害の診断基準である DSM-Ⅳや DSM-5、IQ について説明した後、最後は、最近の知的障害の障害程度に関わる診断基準の変化についてお話します」といった形です。これらのトピックスがノートの見出しとなります。この段階で、「DSM-5 って何？」「IQ って聞いたことあるけどなんだったかな……」「知的障害の考え方や診断基準って変わってきているんだ。どのように変わったんだろう……」と、積極的に自分自身に問いかけましょう。

授業の中では、「最初に○○について話します」「次に○○について触れます」「最後は○○についてです」といった、話の展開を意識した表現が出てきたら聞き漏らさないことが重要です。これは講義の中でのトピックスの転換になり、トピックスの転換を意識すると講義の骨組みがわかります。

さらに重要なポイントを聞き漏らさないためには、教員の接続表現にも気をつけましょう。例えば、「だから……」「従って……」といった表現は、教員が結果や結論について述べる箇所になります。また、「なぜなら……」といった表現は、教員は扱っている内容の理由について述べる箇所ですし、「つまり……」「すなわち……」「要するに……」「整理をすると……」といった表現は、教員が講義の内容をまとめたり要

約する箇所となります。さらには、「第1には……、第2には……」といった表現は、教員が重要事項を整理して示す箇所を意味しています。このように教員の接続表現を通して教員の意図を理解することは、皆さんの理解を深める一助となります。

　また、教員の話し方にも注目しましょう。教員が、その日の講義で何回も繰り返し触れる用語や内容は重要度が高いですし、大きな声で強調して話した個所や意図的にゆっくりと話した個所、さらには、身振りが大きい箇所は重要なポイントになります。

（3）ノートを取る・作る

①ノートづくりの目的

　ノートを取る最大の目的は、後からノートを見直したときにその日の授業を追体験できることです。ノートは、自分がそのテーマを理解しようとした過程とその結果の集大成とも言えます。また、書かれた結果は、きちんと整理され見やすいものでなければなりません。ノートが見やすく整理されていることと、自分の思考の整理具合はつながっています。見やすいノートづくりは、自分の思考の整理の結果です。自分のオリジナルの教科書を作るくらいの気持ちで取り組みましょう。

②ノートの形式

　ノートとルーズリーフ、両者には一長一短があります。ノートは、順番に最初からページをめくり記載をしていくので、15コマの授業が終了した時点で授業の流れに沿ったノートが完成します。最近では方眼のノートや罫線に目盛が入ったノートの有効性が示され、フリーハンドで線や図形を描けたり、行をきれいに揃えて記述できる等、応用範囲の広いノートも登場しています。ただし、ノートは、テーマごとに順番を入れ替えて整理することはできません。逆にルーズリーフは、自分の希望通りにテーマを入れ替えることができますが、かなり意識的に整理・保存を心がけないとバラバラとなり、全体としてまとまりに欠けることがあります。

　ここでは、ノートの取り方の一例として、見開き3分割の方法を紹介します。

　まずはB5またはA4サイズのノートを用意します。このノートを見開きの状態で、ノートの上部にある「テーマスペース」には、その日のテーマ、テーマを基に教員が話す主な内容について簡潔に記載します。また、「テーマスペース」の隣の「授業開講日スペース」には、授業の開催日時や時限を記載します。

　中間部のスペースを、左から「板書スペース」「教員のコメント・自分の気づきスペース」「要約スペース」の3列に分割します。ノートは、トピックスごとに「板書スペース」→「教員のコメント・自分の気づきスペース」→「要約スペース」の順に記載します。この流れは、講義中や復習をする際の思考の流れとも連動します。

　「板書スペース」は、主として授業を聞きながら書くスペースです。教員が板書した内容を中心に記載しますが、板書を丸写しするのではなく、板書の内容と教員の話

を一旦受け止め、板書の内容を自分の言葉で置き換えて書き込むことできると、なお良いです。

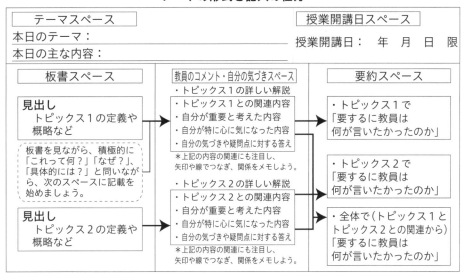

ノートの形式と記入の仕方

次に「板書スペース」で記載された内容に基づき、「教員のコメント・自分の気づきスペース」に記載していきます。記載に際しては、板書の内容を見ながら「これって何？」「なぜそうなるの？」「具体的にはどういうことなの？」と、積極的に自分に問いながら記載を始めると書き込みやすくなります。教員は「板書スペース」の内容にさらに詳しい説明を加えたり、トピックスを取り上げた背景や意味、関連した内容を説明します。特に、教員の話の中で自分が大切と思った内容、自分が気になった内容、説明を聞いて「なるほど」と疑問が解けた内容などは積極的に記載しましょう。教員のふとした発言が、意外と有効な情報になります。「教員のコメント・自分の気づきスペース」がとても重要であり、皆さんが授業を通して積極的に展開した思考の結果が記載されることになります。記載の際は、「板書スペース」のトピックスの内容と、それに対応して記載した「教員のコメント・自分の気づきスペース」の内容を矢印でつなげ「見える化」することも大切です。「教員のコメント・自分の気づきスペース」で記載した内容同士で、関連がありそうな項目を矢印や線でつなげ、コメントを付けておくのも良いです。また、バランスを取りながら記載する位置を決めたり、複数の色のペンを使う工夫も有効です。

最後は、「要約スペース」への記載です。「要約スペース」は、前の2つのスペースの記載内容を踏まえ、「要するにこの授業で教員が伝えたいことは何か」について整理します。教員が「今日のポイントは……」などとまとめた内容を中心に書き込みます。ここでも、「教員のコメント・自分の気づきスペース」の内容と、それに対応

した「要約スペース」の内容を矢印でつなげたり、「要約スペース」で記載された内容同士の関連を考えて矢印などで関連を示すとよいです。「要約スペース」では、授業全体を通して「要するに何がわかったのか」について整理できると、その日の授業の理解度が高まったといえます。

③ノートづくりの留意点

　ノートは授業中に記載する部分と復習時に記載する部分の両方があります。授業中に整理しきれなかったところを復習で再度見直し、足りない内容を書き込むことで最終的な仕上げを行います。

　見開き1ページに1テーマが基本となりますが、ノートの各領域は、復習時を含めて整理した内容を書き込めるように、行間や余白をゆったり取りながら書きましょう。

　また、教員の授業展開に追いつきながら記載するためには、短時間で見やすく書くことも大切です。そのため、自分が後で見返して理解できる程度であれば、少々雑でも問題ありません。また、わからない漢字はとりあえず片仮名で記載をしておき後で調べる、具体例を記載するときは「ex」と略号を利用する、頻繁に使う用語は記号化するなど、自分なりのルールを決めておくとよいです。さらに、聞き取れなかった用語や内容に印を付けておく等の工夫をすると、ノートへの記載が迅速に進みます。

　学生の中には、授業中に聞きとれなかった言葉を隣席の学生に尋ねる人もいるでしょう。そして、その姿を授業時に見とがめられて、「おしゃべりしているわけではない」と逆に憤慨することがあるかもしれません。しかし、隣席の学生にとって、質問を聞き、それに答える時間は、教員の講義を聞き漏らしていることになるのです。つまり、隣席の学生への質問は、授業を真剣に受けようとしている学生を妨害していることと同じなのです。こうしたことのないよう、自分自身が的確に聞き取る能力が大切です。

　人により気持ちよく理解できるノートは違います。今回は見開き1ページを3分割する方法を説明しましたが、この方法を基本型として始め、試行錯誤しながら自分に合ったノートづくりを定着させていきましょう。ノートに示された内容は、まさに皆さんの頭の中を「見える化」した結果であり、整理されたノート＝整理された理解となります。

✎ 演習

　現在、各自が使っているノートをグループで見せ合い意見交換をしましょう。自分が工夫しているところを説明し、他者のノートの良いところを、自分のノートづくりに取り入れましょう。

第4節 話す力

　私たちはコミュニケーションの道具として言葉を使い、「話す」行為を行います。家族や友人とのおしゃべりは楽しいものですが、日常的なおしゃべりではなく、少人数で意見を述べ合ったり、多人数の前で自らの考えや意見を述べたりすることもあるでしょう。あるいは、司会といった形で話すこともあるかもしれません。

　「話す」行為の基本は、相手に自分の思いや願い、考えを伝えることです。これはどの世代の人間でも変わることがありません。例えば、『保育所保育指針』「第2章：保育の内容」における3歳以上児の「言葉の領域」では、以下の項目がねらいとしてあがっています。

　　①自分の気持ちを言葉で表現する楽しさを味わう。

　　②人の言葉や話などをよく聞き、自分の経験したことや考えたことを話し、伝え合う喜びを味わう。

　　③日常生活に必要な言葉が分かるようになるとともに、絵本や物語などに親しみ、言葉に対する感覚を豊かにし、保育士等や友達と心を通わせる。（下線著者）

　この3つのねらいの中には、「読むこと」「書くこと」は含まれていません。つまり、乳幼児の言語活動の基本が話すことだと言えるのです。本節では、こうした「話す」行為について考えていきます。

（1）考えてから話す

　事前にテーマや話すべきことが与えられているにもかかわらず、その場での思いつきを話すことは意味がありません。何を話さなければならないか、相手が何を求めているのかを考える必要があります。

　例えば、授業で＜調べたことを発表する＞という課題が与えられた場合、まず「何を」発表したらよいか考えます。幼児虐待や孤食、伝承遊び、健康的な生活リズムなど、その授業科目で与えられたテーマの中から話題を絞って調べていきます。（☞本章第5節「調べる力」参照）

　しかし、ここで気をつけなければならないのは、発表する時間には限りがあるということです。調べたものをダラダラと2時間、3時間と話していくことは不可能であり、また無意味です。たくさんのことを調べた上で、何を報告すべきか切り捨てていく部分も出てきます。「せっかく調べたのだから全部伝えたい」という思いを持つ人も少なくないと思いますが、切り捨てる決断も必要です。求められているものは何か、聞く人が興味を持つのはどのような内容かなど、その時の状況によって内容は変化しますが、いずれにしても、何を話すべきかを自分で取捨選択しなければなりません。

　次に必要なことは、与えられた課題が、調べたことを報告するべきなのか、調べた

第5章　学ぶ力

ことを基にして自分なりの意見を述べるべきなのかを見極めることです。

　調べたことを報告する場合は、個人的な感情や思いを挟まず、誰が、いつ、何をといった具体的な部分を明確にして説明します。これを＜客観的事実＞といいます。個人的な意見を排除し、具体的なデータを確認して、偽りのない事実を説明します。これは調べたことばかりではなく、職場での報告—保育の現場でいえば、子どものいさかいや怪我、現状の問題点—なども同様です。

　一方、調べた内容について自分なりの考察を加える場合は、事実や客観的データの部分と自分の考察・意見を明確に分けて説明しなければなりません。調べてわかったことは何か、現在の状況はどのようなものか、といったことをふまえて、最終的な自分の考えを述べる形になります。こうしたことを整理するためには、本章第6節「質問する力」の5W2Hの項目を参考にするといいでしょう。

✏ 演 習

　現在の保育環境の問題点を1つ探し出して、その問題点について自分なりの考えを示してみましょう。制限時間を4分以上5分以内として、何を調べ、何をどれくらい話したらよいか、話す内容を組み立ててみましょう。

（2）状況を捉えて話す

　話す内容が整ったら、次に実際の状況を捉えて話すことが必要です。身近な人々、社会および周りとの関わりや自分の立場、自分自身がどのように周りからみられているのか気づき、話すことが大切です。TPO【Time 時間、Place 場所、Occasion 場合】を考えなければなりません。敬語については、第4章社会生活力第1節で触れていますが、状況に応じて正しく使いこなすことが大切です。

①目上の立場の人と話す

　大学の先生や実習先の教職員、アルバイト先の先輩、あるいは職場の上司など、目上の方には敬意を持って話すことが大切です。相手の行為に対しては尊敬語、自分自身の行為に対しては謙譲語を使います。仮に相手に落ち度があったとしても、相手を尊重する態度がないと、かえって話がこじれかねません。

　また、「やばい」のような盗人の隠語から生まれた言葉は絶対に使ってはいけません。しかも、近年は褒め言葉としても使われ始めていますが本来は良くないときに使うものでした。「ウケる」「ガチで」「超……」なども俗語です。こうした言葉を使うのは大変失礼ですし、話し手の品位が疑われます。

②同世代の友人と話す

　休憩時間、通学の行き帰りなど、友達同士で話すのは、楽しい時間です。しかし、「親しき仲にも礼儀あり」の諺のように、相手を大切に思う気持ちは持ちましょう。

また、なれなれしい言葉や俗語が普通になると、目上の人と話すときについ使ってしまうことにつながります。

友達との会話が盛り上がると、周囲が見えなくなることがあります。周りで誰が聞いているか分からない喫茶店やファストフード店で、実習先での個人情報などをうっかり話した経験はありませんか。周囲に配慮しながら言葉や内容を選んで話をすることに気づいてください。

③下の立場の人と話す

後輩や年下の友人、将来的には職場の部下など目下の人に対して、ともするとぞんざいな話し方をしてしまうときがあります。特に、自分の機嫌が悪かったり、相手の態度が気に入らなかったりすると、いばった調子で話してしまうでしょう。これも人間関係をこじれさせる原因です。

また、注意をしたり叱ったりするときにも言葉づかいが悪くなります。しかし、注意や叱責は自分の不満を吐き出すためのものではなく、相手の過ちを改善するためのものです。そうしたときに、汚い言葉を使っては相手の心に響きません。何がいけなかったのか、どうするべきだったのか、誠意を持って話しましょう。

④多くの人の前で話す

授業の際に、学生仲間を前に何かを発表することがあります。保育者を志す皆さんは、将来、子どもたちの前で話すことはもとより、保護者や教職員たちの前で話すこともあるでしょう。こうした場合、過剰にへりくだる必要はありませんが、丁寧な言葉づかいをすることは大切です。書き言葉で言う＜常体（だ・であるを使う文体）＞は、事実を率直に、また客観的に伝えることには向いていますが、冷たい印象や威圧的な印象を持たれることがあります。聞く側が不快に思わないためには、書き言葉で言う＜敬体（です・ます・ございますを使う文体）＞が有効です。

（3）伝わるように話す

自分ではわかっているつもりでも相手がわからないのであれば、話した意味がありません。自分の伝えたいことが相手にしっかり伝わる内容であるか、今一度冷静に振り返る必要があります。

例えば、「今朝、コップを割ってしまったんです」と発言したとします。そもそも「今朝、コップを割ってしまったんです」という発言には、何かを伝えたい意志があるはずなのです。怪我をして痛い思いをしたとか、大事なコップを割ってしまって気分が落ち込んだとか、そういった内容が伝わるように、できるだけ具体的に話すことを心掛けましょう。

さて、初対面の人と話さなければならないときに気を付ける点はどこにあるでしょうか。アメリカの心理学者アルバート・メラビアンが提唱した「メラビアンの法則」を知っていますか。

メラビアンの研究によれば、人物の第一印象は初めて会った時の3〜5秒で決まり、またその情報のほとんどを「視覚情報」から得ているといいます。メラビアンが提唱する概念において、初対面の人物を認識する割合は、「見た目／表情／しぐさ／視線等」の視覚情報が55％、「声の質／話す速さ／声の大きさ／口調等」の聴覚情報が38％、「言葉そのものの意味／話の内容等」の言語情報が7％と算出されました。

　このことから、「人は見た目が○○％」などといった俗説が生まれました。しかし、メラビアンが主張したのは、見た目や話し方の技術の大切さではありません。例えば、＜笑いながら叱っている＞ことと＜暗い表情で褒める＞という視覚・聴覚情報と言語情報が不一致な行為を行ったとき、相手はどちらを優先させるのでしょうか。叱っている内容が深刻でも、笑っていることにより深刻さが薄れてしまう、反対にどれだけ褒める言葉を重ねても、それを言っている人の表情が暗く沈んだものであれば、褒められていることが伝わらないということになります。つまり、A（叱る）とB（褒める）とどちらとも受け取れる話題のときに、話す内容と表情・身振りなどを連動させる必要があるということです。逆に言えば、AとBのどちらともとれるような話し方はせず、前節のような具体的な事実と自分の考え・主張をはっきりと分けて、明確に伝えることをすれば、見た目や身振り手振りに左右されないということであります。

　伝わるように話すためには、話す態度も重要です。相手の目を見て、相手の態度・様子を確認しながら話をします。逆に目を反らしたり、横目で見たりするなど攻撃的な態度は控えましょう。少人数であれば相手一人ひとりに対して、多人数であれば全体を見渡すように話す必要があります。絵本の読み聞かせや素話も同様で、ストーリーや伝えたい内容を事前に自分の中でまとめて、聞いている対象（子ども）に向かって語りかけることが大切です。

　また、自分の考えを示したいときに「……しなければならない」「……すべきだ」という主張を繰り返すと、聞いている相手は反感を持ってしまいます。皆さんもこのような禁止・命令の形で言われることにはなんとなく反感を持ちませんか。

　一方、相手が話している内容について「でも」「しかし」などと反論すると、相手が余計に憤ってしまうことがあります。「そうですね」「確かに」など、ひとまず相手の主張を受けとめてから、自分自身の考えを述べることが大切です。

　演習

　3分間で自己紹介をしましょう。
　初対面の人たちに向かって、限られた3分間という時間内で話をすることをまず考えます。そして、自分の何を伝えたいか、どういった言葉づかいが望ましいのかなどを考えて、自分自身をしっかり伝えてみましょう。

第5節 調べる力

　これまで述べてきた学ぶ力「読む」「書く」「聞く」「話す」に続き、大学ならではの学びとなるのが、この「調べる力」です。自ら調べて知識を得るという積極性が必要で、考え探求する力だからです。そのきっかけは、子どもと同じ「なんで？」「どうして？」といった疑問を持つことです。

（1）疑問を持つ

　「大切なのは、疑問を持ち続けること」とは、物理学者アインシュタインの言葉です。なぜ？　どうして？　と思うと、その答えを知りたくなり自分で考え、調べてみようとします。これはまさに能動的学習＝アクティブラーニングです。

　疑問を持つことは、非常に大切です。なぜなら、そこで新しい気づき、学び、発見を得ることができるからです。子どもたちが疑問を持ち、質問や観察で自分なりの答えを得たときの目の輝きは、保育者として成長を感じる幸せな一瞬の一つです。分からない、知らない、で済ませてはもったいない。疑問を持つことは、子どもたちだけでなくあなた自身が成長する大きなチャンスです。疑問を持ったら、さっそく調べてみましょう。すぐに答えを得ることができることもあれば、知れば知るほど疑問が増えることもあります。そうしてどんどん知っていることが増え、ますます世界が広がっていくのです。

（2）調べる方法

　さて、疑問に対する答えを調べようと思ったとき何を利用しますか？　まさか、隣の友達に聞いた「たぶん○○じゃない？」なんてあいまいな意見を鵜呑みにはしないですよね。検索エンジンが豊富な時代ですから、気軽に、例えばGoogle先生に聞いてみようと思うかもしれません。でも、ちょっと待ってください。インターネットは便利ですが、情報が膨大過ぎて探すのが難しかったり、本当に知りたいことにたどりつかなかったりします。また、誰でも自由に情報を発信できるので、情報の信頼性には大きな差があります。では、図書を調べるといいのでしょうか。本は出版されるまでに編集者のチェックを受けます。その点で、信頼性は高くなります。また、テーマに沿って書かれているのでまとまった情報を得ることができます。しかし、書かれてから出版されて人の目に触れるまで時間があり、適時更新されるわけではないので、情報としては古くなってしまいます。そのほかにも、新聞や学術雑誌、統計資料といった情報源があります。それぞれの特徴と利点があるので、調べたい情報に合わせて利用しましょう。

第5章　学ぶ力

　まず、自分の知りたいこと・知りたい情報がどういうものか分析してみましょう。大きなテーマや概要について知りたいときは、本が向いています。図書館や書店、インターネットでそのテーマにあった本を選ぶとまとまった情報を得ることができます。

　　　【本の探し方】：図書館や書店では大きな分類に分かれて展示されています。自分の探しているテーマが含まれる場所を探してみましょう。データベース化されていることも多いので、蔵書検索（OPAC）を利用し、テーマを表すキーワードを用いて探すと効率よく探せます。

　　　【雑誌論文の探し方】：雑誌論文とは、大学・研究所・学会などの発行する雑誌類に掲載された論文です。図書として刊行する分量には至らないものの、現段階で発表しておくべき成果・研究・論考などが該当します。これらは学術情報データベースを用いて探します。データベースはいくつかありますが、ここでは、国内の論文を探すのに便利な代表的なものを二つ紹介します。

　　NDL-OPAC：国立国会図書館が受け入れた雑誌や紀要、研究報告類などの雑誌記事を検索できます。

　　CiNii：国立情報学研究所が提供する論文・図書・雑誌を検索できます。

　自分の意見や考え方を裏付ける資料を調べたいこともあります。そのような場合は、根拠となる「事実」を新聞記事や統計資料などで探してみましょう。

　　　【新聞記事の探し方】：目的の新聞社や発行日がはっきりしている場合は、その新聞社のオンラインデータベースで探すことができます。記事の内容から検索したい場合は、記事検索データベースで探しましょう。

　　　【統計資料・白書の探し方】：国内における統計調査には、国、地方公共団体等が行う公的なものと、民間団体等が行うものがあります。白書とは、政府が，外交・経済など各分野の現状を明らかにし，将来の政策を述べるために発表する報告書のことです。調べたい情報について、どのような統計調査があるのか、どのような政策が行われているのかを調べ、その結果が公表されている刊行物（統計資料・白書）のタイトルを調べましょう。

（3）インターネットの情報

①情報の信頼性

　インターネット上の情報の特徴は早いことです。誰でも情報をすぐ発信することができます。情報量が多く、いち早く知りたい情報を得ることができる点では、とても便利です。しかし、発信者の身元や根拠がわからない情報も混ざっていて、不確かな

ものがあたかも本当のように表現されている情報も多く飛び交っています。また、一瞬で拡散されたり、更新によって加筆や削除が行われます。こうした特徴を踏まえたうえで、情報がどれだけ信頼性があるかを検討する必要があります。発信者が政府や地方公共団体、研究機関など公的な機関である場合は、その発表された情報は比較的信頼性が高いです。また、所属を明らかにしている人の場合は、発表している論文やデータを追うことでその根拠の裏付けが取りやすいです。インターネットで得た情報は、そのまま信じるのではなく、必ず根拠や証拠を探すようにしましょう。

②知りたいことを上手に探す方法

　インターネット上の情報は、検索エンジンというシステムを使って探すことができます。しかし膨大な情報の中から知りたい情報を探し出すのは、砂の中から針を探すようなものです。効率よく探し出す方法を会得しましょう。

　一番大切なのは、キーワードの選び方です。複数のキーワードを用いたほうが幅広く探すことができます。まずは、調べたいことに関するキーワードを二つ以上指定しましょう。またそのキーワードの関係性を指定するとより適合率をあげられます。

　　　＊ある言葉の意味を知りたい→　　Ａとは

　　　＊キーワードＡとＢを含む情報を知りたい→　　Ａ　AND　Ｂ

　　　＊ＡかＢを含む情報を知りたい→　　　Ａ　OR　Ｂ

　　　＊ＡもＢも含む情報だが、Ｃについては除外したい→　　　Ａ　AND　Ｂ　－Ｃ

　目的の情報が見つからないときは、キーワードをいろいろ変更して検索してみましょう。

（4）引用・参考文献のルール

　調べたことを発表したり、レポートにまとめたりするときには、その基となった情報を使うことがあります。他人の言葉や文章をそのまま使うことを引用といい、自分でまとめて紹介することを要約といいます。いずれの場合も他人のものを自分のもののように使ってはいけません。このような場合、どこが他人の文章なのかわかるように書き、出典を記すことが必要です。引用の仕方は、研究分野によって若干異なるので、担当教員に聞いて書くようにしましょう。

　ここでは、一般的なものを紹介します。

　文章をそのまま引用する場合は、「　」でくくるか、1行あけや2文字下げて独立した段落で表します。また、要約して引用する場合は、誰がいつ著したものかわかるように表します。

引用例Ⅰ：そのまま使う場合

　①（文章内に挿入）

　　　朴（2008）は「基本的生活習慣には、箸を持つ、服を着るなど、微細で高い運動技能が要求されるものが多く、幼児期に獲得される運動技能の基本的なもの

第5章　学ぶ力

の多くを含んでいる。そのため、毎日の生活の中で長い期間繰り返すことによって、大人に依存しながらやっていたことが自立してやれるようになる。」と述べており、体の機能だけでなく心の発達も関係していることがわかる。

②（段落として挿入）

……幼児期の生活習慣にはもう一つ大切な側面がある。

　　　基本的生活習慣には、箸を持つ、服を着るなど、微細で高い運動技能が要求されるものが多く、幼児期に獲得される運動技能の基本的なものの多くを含んでいる。そのため、毎日の生活の中で長い期間繰り返すことによって、大人に依存しながらやっていたことが自立してやれるようになる。（朴2008）

このように体の機能だけでなく心の発達も関係していることがわかる。

引用例2：要約して使う場合

朴（2008）によると、基本的生活習慣は幼児期に獲得する運動技能の基本的なものが多く、大人に依存していたことから自立してやれるようになるという。このことから、体の機能だけでなく心の発達も関係していることがわかる。

本文に引用した文献を引用文献といい、本文を作成するときに参考にした文献を参考文献といいます。引用文献もまとめて「参考文献リスト」として本文の最後にまとめて書くのが普通です。情報の種類によって、書く内容や書き方が多少異なりますが、後から誰でもその情報にたどり着くことができるというように記します。

　【図書の場合】：著者・編者名、『題名』（出版年、出版社）
　【雑誌論文の場合】：著者名、「論文名」（『掲載雑誌名』○号、発表年、発表団体名）
　【新聞の場合】：著者名、「記事タイトル」（『新聞社名（地域）』、発行年月日、朝刊・夕刊、掲載面）
　【インターネットの情報の場合】：WEBページ名、URL、閲覧日

> 📝 **演習**
>
> 日頃の学習で興味や疑問を持った話題を1つ決め、大学図書館のOPACを使って関連のある図書を5点、CiNiiを使って関連のある論文を3点探してみましょう。そして、参考文献の掲載方法に従って、リストを作ってみましょう。

第6節 質問する力

（1）大切な質問

　「聞くは一時の恥、聞かぬは一生（末代）の恥」という諺があります。「知らないことを人に聞くのは、その場限りの恥ずかしい思いで済むが、知らないまま過ごすことは一生、恥をさらすことになる。または後でとんでもない失敗をして後悔することになる」という意味です。自分の知らないことはそのままにせず、積極的に聞いたほうが良いという教えでもあります。誰しも質問をするときは、恥ずかしいという思いがあり、勇気が要ります。しかし、質問することは人が生きていくうえで大切なことです。質問ができない人は成長できないともいわれます。幼稚園教諭や保育士として成長していくために、質問する力を身につけることは必須です。普段の授業や保育実習などで積極的に質問をして実力を磨いていきましょう。

①仕事をするための質問

　質問をよくする人は成長が早く、職場の人々に溶け込むのも早いといわれます。例えば皆さんが保育園に就職をして、保護者会の資料をコピーするように頼まれたとします。この仕事を進める上で必ずしなければならない質問があります。仕事や用件の要素は5W2Hといわれます。すなわち、この場合を当てはめると、下記の❶～❹と❺または❻の質問をしておかなければ、仕事はできません。

❶ **What**　何の資料をコピーしたらよいでしょうか？
　　　「これをお願いします」と渡された資料は A4 の表面にカラープリントされた用紙が 4 枚あります。

❷ **How many**　出席される保護者の方は何名ですか？
　　　何部コピーを取ったらよいでしょうか？
　　仕事の内容によっては How much、How long、How far などになります。

❸ **How**　コピーはどのようにしたらよいでしょうか？
　　　カラーコピーですか、それとも白黒ですか？
　　　資料は片面印刷になっておりますが、両面印刷にしますか？

❹ **When**　保護者会はいつ行われますか？
　　　いつまでにコピーをしたらよいでしょうか？

❺ **Where**　保護者会はどこで開催されますか？
　　　当日私が配布いたしましょうか？

❻ **Who（m）**　コピーはどなたにお預けしたらよいですか？

❼ **Why**　理由を尋ねる質問が入りますが、自分が「なぜ」と感じる場合です。
　　　例えば出席される保護者が 50 名で 30 部のコピーを頼まれたとします。「出

第5章　学ぶ力

席者は50名ですがなぜ30部なのでしょうか？」の気持ちで「出席者は50名ですが30部でよろしいのですか？」と確認します。すると「この資料を必要とする人は25名です」などの答えが返ってきますので、配布の仕方を考える作業に繋がっていきます。しかし、場合によってはコピーを依頼する人が出席人数を間違えていることもありますから、当日コピーが足りなくなる不測の事態を未然に防ぐことができます。

✎ 演習

　職場では質問や前向きな意見を大切に考えています。ある企業は学生を採用するときに、会社説明会から面接試験までをすべてその会社への質問形式で行っています。よい質問ができた人が採用されていく仕組みです。

　私の知っているA子さんはこの会社の1次試験から最終の役員面接までよい質問をして合格をしてきました。最後に社長と面談をすることになりました。社長との話も順調に進み、最後に社長さんから「何か質問はありませんか？」と尋ねられました。A子さんは「これまでたくさんの質問をして、それに会社の皆さんが丁寧にわかりやすく答えてくださいました。この会社のことは充分理解できていると思います」と答えました。すると社長さんは「それはよかった。では、この本社ビルの1階からここまで見学をしてください。いろいろな仕事をしているので見ておくとよいでしょう」と言って、案内をする人を紹介してくれました。

　見学を終えたA子さんに社長さんは「なにか質問がありますか？」と尋ねました。A子さんは「実際の仕事を拝見させていただいて本当に勉強になりました。皆さんお忙しいのに私に丁寧に説明をしてくださいました。前よりももっとこの会社のことが理解できましたし、この会社で働きたいという気持ちが何倍も強くなりました」と答えました。

１．上記の会社の話をしている「私」または「A子さん」に何か質問はありませんか？
２．「上記の会社の話について感想文を提出してください」という課題が出た時、あなたが感想文を書いて提出するために必要な質問をしてください。

②学ぶための質問

　普段、あなたは幼稚園教諭や保育士として必要な知識や技術を学ぶために、授業や研修などを受けています。効果的に学ぶためには質問を考えてみることです。質問をしてみようと思った瞬間からかなり集中して先生の話を聞いているあなたに気づくと思います。質問をするためには集中して相手の話を聞く態度が求められます。

　授業が難しいと感じ、理解できないところなどを質問するときは、どこがどう分からないのかを明確にしましょう。ある4年制大学では、試験前にこんなことを言って来る学生がいるそうです。「先生、分からないので、教えてください」というので、

先生が「どこが分からないのですか？」と問うと、学生は「どこが分からないか、分からないくらい分からないんです」とのこと。ひとつ言えることは質問があることは、ある程度理解している証拠です。次に、質問するときは質問が明確になるまでは少なくとも自分なりに勉強したり調べたりしてみることです。何でも最初から教えてもらおうとする態度は、相手に失礼なくらい多大の負担をかけるうえに、何度質問しても理解できないと思います。

③相手から情報を引き出すための質問

　多少込み入った情報やホンネを聞きだしたいときなどは、いきなりストレートに本題を質問しても、相手は素直に答えてはくれません。また、将来アンケート調査などで質問することもあると思います。話しやすいこと、誰でも答えられるような質問でコミュニケーションをとってから、だんだんに核心に入った質問をしていきます。

④状況説明や自分の意見を伴う質問

　例えば保護者会の出席者が50名、欠席者が20名で、資料のコピーを52部頼まれたとします。ところがある保護者から「欠席はするが、多少なりとも重要な情報が入っている資料であれば、資料のコピーがほしい。後日、取りに行きます」と電話連絡がありました。コピーを依頼されているあなたは何部印刷すればよいのでしょうか？　次の2通りの質問の仕方を比べてみてください。

❶「この資料は保護者にとって重要なものですか？　持っていないと後で困ることはありますか？　もし大切ならコピーは増やした方がよいと思います。今、保護者の方からお電話があって、欠席はするけれど資料が大切ならコピーがほしいと言ってきました。出席者が50名、欠席者が20名で52部印刷することになっています」

❷「コピーの部数を増やした方がよいでしょうか？　実は今、保護者の方からお電話があって、欠席はするけれど資料が大切ならコピーがほしいと言ってきました。出席者が50名、欠席者が20名で52部印刷することになっています。もし、大切な資料でしたら他の欠席者の分もコピーをした方が良いと思います」

　質問の構成を考えます。一番聞きたいことを最初に、それから状況説明、自分の意見の順番がよいでしょう。答える相手も忙しい場合が多いので、一番聞きたいことが先にないと何に対する答えを求めているのかがあいまいになり、余計な時間を要することになります。

（2）質問のマナー

　質問をするときには質問の場があり、質問をする相手がいます。自分の「知りたい」「教えてほしい」だけが先に立って、質問をすると思わぬ失敗をすることもあります。質問をするときのマナーを守りましょう。

第5章　学ぶ力

①相手への気づかい

❶質問のタイミング

質問をする相手が他の人と会話中である、緊急度の高い仕事をしている、すぐ次の用件が入っている等のときは避けます。また、授業や研修などでは質問時間が想定されている場で質問をすると良いと思います。

❷人格の尊重

言葉遣いを丁寧に、社会的にタブーとされているような言葉や内容は慎み、相手の方をはじめ人々の人格に配慮した質問をします。

❸適切な質問時間

質問をする相手の方は自分の仕事を持っています。また、授業や研修会などでは特定の人が長時間質問をすることは、相手の方だけではなく、他の出席者にとっても迷惑になります。他の方の質問の機会を奪ってしまうことにもなります。

❹関連ある質問

相手の方が話して下さった内容と関連する質問をします。または仕事等の場合はその仕事について答えられる人に質問をします。時々まったく関係のない質問をする方を見受けますが、答えるほうも困ります。

②同じ質問を二度しない

新入社員のとき、同じ質問を二度して先輩や上司に叱られたとの話をよく耳にします。特に仕事の説明を受けて実際にやってみると、教えていただかないとできない内容が出てきます。そんなとき質問をすると、先輩や上司は説明したときに質問をしてくれればよかったのにと内心思っています。が、自分の説明も不足していたかもしれないと丁寧に教えてくれます。しかし、中途半端に聞いてしまって、二度質問すると「この間教えたよね。同じ質問は二度しないでね。こっちも忙しいから」となります。これを三度質問した人の話を聞いたことがありますが、上司からひどく叱られて、その場で大声で泣いてしまったそうです。ただし、彼女はその会社を辞めることもなく、今は新入社員に同じ質問を二度しないようにと教えています。

第6章　生活設計力

　「子どもはかわいい」と感じ、保育者になりたいと保育者養成の大学に進まれた皆さんは、とてもよい職業選択をされたと思います。保育者は、対人援助職です。「笑っている子どもも、困らせる子どもも、子どもが好き」「子育てをする保護者の大変さがわかるので、少しでも力になりたい」、そんな気持ちがないと務まらない職業です。

　しかし、そんな気持ちだけでは、保育の専門職員にはなれません。専門保育者になるには、大学で教養科目や多くの専門科目を学び、演習や実習で実践力を養い、免許や資格を取ります。並行して、自分に合った就職先を探して就職します。そして、職業人として保育に携わります。そこからが専門保育者としての道のりの始まりです。

　この章では、専門保育者となる生活設計のあり方について学びます。

第1節 なりたい自分になる

（1）「なりたい自分」を考える【生活設計】

　50万人以上の働く保育者の一人ひとりが、自分の保育者像をもって、「なりたい自分」を追求し、なりたい自分に近づく努力を重ねています。あなたの「なりたい自分」はどんな自分ですか。こう質問すると、仕事だけが自分の人生ではないと思うという意見があると思います。その通りです。「仕事・社会活動をする自分」と「家庭生活を営む自分」と「余暇を楽しむ自分」の3つの自分があると思います。ここで言う「なりたい自分」とは、3つの総体としての「なりたい自分」のことです。

　自分の将来像を学生に質問したことがあります。ひとことで言うと、＜そうありたい将来像＞は、「保育者の仕事をして、結婚して子どもは2人か3人ほしくて、子どもは自分の手で育てたいので、退職（できれば休職）する。子どもが小学校に入ったら、復職する」でした。＜そうなりそうな将来像＞は、「保育者の仕事をして、結婚して子どもは1人か2人で、育児休暇を取って育児して、復職する」でした。

　ここで考えたいのは、このような将来生活設計に加えて、どんな保育者になりたいかを含む、どんな人生を全うしたいかということです。例えば、保育所は子どもの面倒をみてもらい働かないと生きていけない人たちへの援助としての託児が始まりでした。その時代の保育者は、働く人の代わりに、その人の子どもの世話を誠心誠意行いました。時代の変化とともに、保育所の使命が変化しています。時代が求める使命を理解しながら、自分の使命感はどこにあるのか。自分は何のために保育者となり働くのか、今一度考えてみてほしいと思います。

演習
私の保育者としての使命感

（2）どうやって「なりたい自分」になるのか【生活技術】

　生活設計図は描いただけでは、行動が伴わないと、結局は絵に描いた餅になります。ここでは、何をするかについて考えましょう。

①生活技術を習得しましょう

この本に書かれていることを身に付けましょう。違う形で身に付けてしまっていたなら、ここで正しい方法に変えましょう。例えば、箸の持ち方、鉛筆の持ち方、姿勢、くせ字などについては、正しい方法を意識して3日間から1週間続けてみましょう。それだけで、随分変わります。また、まだ自律していないことはありませんか。例えば、レポートの提出期限を守ろうと決めたのに遅れてしまったとか、遅刻しないと決めたのに友達を待たせてしまったなどです。

演習

・間違って身に付けてしまったことがありますか。書き出しましょう。

・自律していないことがありますか。書き出しましょう。

②経験を豊かにしましょう

仕事を始めてからは、保育現場で園長先生を始めとする他の保育者に学びます。いいものは、まねて学びましょう。

また、保育以外の場面で、経験のないことにチャレンジしましょう。新しいことに取り組むのは少しの勇気が要りますが、迷ったらやってみるといいでしょう。経験を重ねることで、視野にも幅が出てきて、それが保育にも反映されると考えます。

本を読むことは、時間と空間を超えて、本の世界で多くの経験をすると捉えることができ、知識と経験を豊かにすることになります。

③自分と違う人の意見を受け入れましょう

人は似た者同士で集まりやすいです。それは、考えがさほど違わず、新たな苦労があまりないからだと思います。1人の方がより気が楽だからと、ひきこもる人もいるかもしれません。自分の意見は言わないようにして、トラブルを避けている人もいるかもしれません。人との接触を避けたり恐れたりしていては、協同してさらにいいものを創り出していくことはできなくなります。

加えて、心理学の知見によると、人は情報を取り込む時に、自分の考えと同じ考えに基づく情報を選んで取り込み、「ほらね、自分の考えはまちがっていないでしょう」という形で確認し、安心を得る生き物のようです。これでは、発展が期待できませんし、過ちに陥っていてもそのことに気付けなくなってしまいます。

第6章　生活設計力

　情報を収集するアンテナを高くして、自分とは違う意見を持つ人の話を積極的に聞き、理解しようと努めましょう。自分の中にある偏見や自分の中で起こる反発を抑え、異なるものとの出会いを多く経験していくと、自分に磨きがかかります。

（3）疲れたとき、ストレスが多いときの解消方法

　がんばりすぎもよくありません。心が病んでくると、適切な判断、自己決定に支障が出てしまいます。疲れた時、ストレスがたまったとき、あなたは自分なりの解消方法を持っていますか。次の解消方法も参考にしてみてください。

①自分に元気がなくなったとき

- 聞いてくれる親しい人や家族に相談しましょう。
- 元気がなくなった時に、自分のためではなく、人のために活動すると、自分が好きになれ、力をもらえます。例えば、電車の中で、高齢者や妊婦さんに席を譲るとか、困っている人を見かけた時に、声をかけるなど、簡単なことでいいのです。

②大きく自尊心が傷ついたとき

　失恋や大失敗をして、甘んじて受け入れるしかないときは、努力のしようがありません。切り抜けるしかないのです。

　一つの方法は、普段の生活を淡々と丁寧にすることに気持ちを向けて、時間が味方になってくれて癒えるのを待ちます。必ず、癒えます。

③進まないと焦るとき

　進まないと言っている人の中には、やろうやろうと気ばかり焦っていて、着手していない人も結構います。着手を早くして、明日にまわさないのが秘訣です。進め方が見通せない時は、職場の先輩に早く相談してみましょう。

　また、一度にたくさんの仕事があり過ぎて、つぶれそうな時は、重要性や緊急性で、優先順位を付けて、一つずつ片づけていきます。いらないものを捨てて、軽くして一つずつ取り組む方法もあります。努力に勝るものはありません。

　それでも進まないときは、職場の上司に相談して、誰か頼れる人にヘルプをお願いしましょう。助けられたり助けたりする職場を作り、助けることも積極的に行いましょう。

④眠れない日が続くとき

　2週間以上も眠れない日が続くときは、自分で考えることができなくなってきていますから、ためらわず、周りに相談して早めに心療内科に行きましょう。早めの受診が秘訣です。

第2節　保育士のキャリアパス

　皆さんは、資格取得して卒業後に保育者として働きはじめますが、保育者を生涯の仕事として考えていますか、結婚までの仕事と考えていますか。今般、保育士のキャリアパスが改善され、先の見通しが持ちやすくなってきています。各都道府県での取組みが異なりますので、自分の地域の取組みを調べてみましょう。

(1) キャリアパスとは

　キャリアパスとは、キャリアアップの道筋のことです。どのような仕事をどれくらいの期間経験し、どの程度能力が身につくと次はどのポストに就けるのかを明確にしたものです。併せて、保育士の研修体制と賃金体系が整備されます。これによって、皆さんは目標を持って保育の専門性の向上に取り組めるようになります。

(2) 長く働くことの大切さ

　保育士の平均勤続年数は8年を切る数値であることを皆さん知っていましたか。いかにも短すぎ、仕事に慣れて専門性が高まったところで、辞めてしまう。また新人が保育に就く。この繰り返しでは、全体としての保育の質の向上に困難が発生します。

　そこで、研修により技能の習得を積み、キャリアアップができ、夢を持って長く働きたくなる仕組みが構築されつつあります。以下は「保育士のキャリアパスに係る研修体系等の構築等に関する調査研究事業」報告の概要です。

　現在の保育士の職層は保育士の上の職位は主任保育士、その上は園長という3層

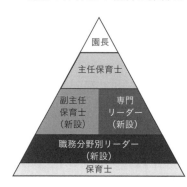

です。主任保育士の平均勤続年数は21年ですので、主任保育士になるまでの間の保育士の期間が長すぎます。そこで、左の図のように、保育士の上に、職務分野別リーダー(経験年数概ね3年以上)と、ライン職の「副主任保育士」(経験年数概ね7年)とスタッフ職の「専門リーダー」(経験年数概ね7年で、副主任保育士と並ぶ職位)の2層が新たに創設されるという職制階層(イメージ)が公表されました。

　職層に合わせて給与も改善されます。保育所が一層目標を持って長く働ける職場になっていきます。非常に好ましいことですので、自分の3～5年後の姿、10年後の姿を描いて、働く自分の生活設計図を持ちましょう。

第6章　生活設計力

（3）キャリアアップの仕方

①職務分野別リーダーの発令

　職務分野別リーダーが担当する職務分野は、①乳児保育　②幼児教育　③障害児保育　④食育・アレルギー対応　⑤保健衛生・安全対策　⑥保護者支援・子育て支援、の６分野です。保育士の中から、希望や指名で、分野別の研修を受けさせ、修了したら、この研修分野に係る職務分野別リーダーとして発令される見通しです。

②副主任保育士

　副主任保育士は、職務分野別リーダーを経験後、３分野以上の職務分野別研修とマネジメント研修を修了したもの。

③専門リーダー

　専門リーダーは、職務分野別リーダーを経験後、４分野以上の職務分野別研修を修了したもの。

✐ 演 習

　保育士等キャリアアップ研修の分野及び内容として下表が示されています。あなたはどの分野の研修に興味・関心がありますか。関心の高い順番に３つ選んでみましょう。

1位	2位	3位

研究分野	内　容
①乳児保育	乳児保育の意義 / 乳児保育の環境 / 乳児への適切な関わり / 乳児の発達に応じた保育内容 / 乳児保育の指導計画、記録及び評価
②幼児教育	幼児教育の意義 / 幼児教育の環境 / 幼児の発達に応じた保育内容 / 幼児教育の指導計画、記録及び評価 / 小学校との接続
③障害児保育	障害の理解 / 障害児保育の環境 / 障害児の発達の援助 / 家庭及び関係機関との連携 / 障害児保育の指導計画、記録及び評価
④食育・アレルギー対応	栄養に関する基礎知識 / 食育計画の作成と活用 / アレルギー疾患の理解 / 保育所における食事の提供ガイドライン / 保育所におけるアレルギー対応ガイドライン
⑤保健衛生・安全対策	保健計画の作成と活用 / 事故防止及び健康安全管理 / 保育所における感染症対策ガイドライン / 保育の場において血液を介して感染する病気を防止するためのガイドライン / 教育・保育施設等における事故防止及び事故発生時の対応のためのガイドライン
⑥保護者支援・子育て支援	保護者支援・子育て支援の意義 / 保護者に対する相談援助 / 地域における子育て支援 / 虐待予防 / 関係機関との連携、地域資源の活用

第3節 自己決定・自己責任

（1）自立と自律のちがい

「自立」は身辺自立し、経済的に自立し、自分の脚で立つことですが、「自律」は、自分の意志のもとに方向づけして進んでいくことです。「自律」の人は、自分で決めた規則に従って行動します。「他律」の人は、他からの命令によって、または他に引きずられて行動します。例えば、下肢に障害のある肢体不自由者は、歩行の自立はありませんが、自律していれば、できない部分を他人に依頼して移動手段を持ち、自立した生活が営めます。

（2）保育者は他者の自立を支える仕事

保育者は子どもや保護者の自立を支える仕事といえます。子どもや保護者が望む人生を歩んでいけるように、困りごとのある時には、子どもや保護者の持てる力を引き出し自立支援していきます。その場合、最終的に決定するのは、子どもや保護者自身であるということを忘れてはなりません。

（3）自分自身の自立と自律

あなた自身は自律的なのか、他律的なのか、自分で知っていることは大切です。演習に答えて、自立と自律の意味を深めてみましょう。

> ✏️ **演習**
>
> 次の直面する課題に対して、あなたはどのような方向付けが適切だと考えますか。
> **直面する課題**：自分の適性はＡ保育園にあると周囲の人に言われる。自分としてはＢ保育園の高い給与に魅力を感じる。どちらの保育園に進路を決めればいいのだろうか。自分で決めなさいと言われている。

第6章　生活設計力

（4）選択と決定

　選択と決定から逃げるように過ごす人をたまに見かけます。大変にもったいないことに思えます。人には、選択の自由があります。自分のことは自分の考えで選びとっていいのです。職業を選ぶとき、どこの幼稚園・保育所に就職するかを決めるとき、生涯の伴侶を決めるときなど選択権・決定権は自分にあります。

　しかし、その選択・決定には、自己責任が伴います。選択・決定に際しては、他の人の意見も聞きましょう。そして決定した事柄は、関係する人たちに十分に説明し、そのことの結果責任は自分がとる必要があります。心配してくれる周りの人に説明して理解をいただく責任（説明責任）も自己責任に含みます。

　日々、昼食で何を食べるか、何色のセーターにするかなど小さな自己選択・決定・責任を重ねているのですが、その連続が人生と言えるかもしれません。自分の意志で自分の人生をいろどることが認められています。あなたは、どんな人生設計を描きますか。時間をかけて、じっくり考えましょう。

（5）説明責任

　自己責任は説明責任を含みます。自分の進路のことであれば、保護者や自分を案じてくれている人に説明する責任があります。周りの反対を押し切って進む道であればなおさらです。次のような方法で、事情と感情をバランス良く伝えると伝わりやすくなりますので、身につけましょう。

　　①客観的な事実を伝える　　→　　相手に事情が伝わる
　　②自分の感情を伝える　　　→　　相手に自分の気持ちが伝わる
　　③自分の決定を提案の形で伝える　→　相手に提案が受け入れやすくなる
　　　相手が了承してくれればよいが、「それはダメです」と言われた場合は、説明
　　　が続く。
　　④ダメと指摘された内容を受け入れて、代案を提示する。

✏ 演 習

前ページの進路決定について、保護者や周りの人に説明してみましょう。

文　献

第1章　生活基礎の視点
- 大場幸夫『こどもの傍らに在ることの意味』(2007年、萌文書林)
- 大場幸夫（企画）・阿部和子・梅田優子・久富陽子・前原寛『保育者論』(2012年、萌文書林)

第2章　保育の1年間の生活
- NPO法人CAPセンター・JAPAN「チャイルドビジョン」『CAPセンター・JAPAN（子どもへの暴力防止プログラム）』http://cap-j.net/save-child/view/childvision（2018年2月6日閲覧）

第3章　生活力
第1節　衣
- 内野紀子・鳴海多恵子・石井克枝ほか『わたしたちの家庭科　5・6』(2015年、開隆堂出版)
- 大竹美登利・鈴木真由子・綿引伴子ほか『技術・家庭　家庭分野』(2016年、開隆堂出版)
- 鎌田和宏（監修）『楽しく学ぶくふうの図鑑』(2013年、小学館)
- かわいきみ子『ソーイングのきほん　型紙の写し方から作品づくりの基礎・応用まで』(2014年、新星出版社)
- 佐藤文子・金子佳代子・田口浩継ほか『新編　新しい技術・家庭　家庭分野』(2016年、東京書籍)
- 成美堂出版編集部（編）『ラクラク楽しい家事の基本大事典』(2015年、成美堂出版)
- 長島和代（編）『これだけは知っておきたい　わかる・話せる・使える　保育のマナーと言葉』(2014年、わかば社)
- 流田　直（監修）『楽しく学ぶせいかつの図鑑』(2010年、小学館)
- 渡邊彩子ほか『新編　新しい家庭科　5・6』(2015年、東京書籍)

第2節　食
- 今井孝成・高松伸枝・林　典子（編）『食物アレルギーの栄養指導』(2012年、医歯薬出版)
- 小川万紀子（監修）『たよりになるね！　食育ブック　文例つきイラストカット・素材集　3　子どもが身につけたい食育編』(2005年、少年写真新聞社)
- 「くちコミくらぶ」知りたい講座事務局「ビジネスマナーと基礎知識　お茶の入れ方（淹れ方）」『「くちコミくらぶ」知りたい講座』http://www.jp-guide.net/businessmanner/business/tea_irekata.html（2017年11月6日閲覧）
- 厚生労働省『保育所におけるアレルギー対応ガイドライン　2012年改訂版』(2012年、厚生労働省)
- 厚生労働省『保育所における食事の提供ガイドライン』(2012年、厚生労働省)
- 厚生労働省『保育所保育指針　平成29年告示』(2017年、フレーベル館)
- 東京都健康安全研究センター『食物アレルギー緊急時対応マニュアル』(2017年、東京都

第6章　生活設計力

　健康安全研究センター）
- 保育所における食育のあり方に関する研究班『楽しく食べる子どもに　保育所における食育に関する指針』（2004年、厚生労働省）

第3節　住環境
- 有沢重雄『飼育栽培図鑑　はじめて育てる・自分で育てる』（2004年、福音館書店）
- 大竹美登利・鈴木真由子・綿引伴子ほか『技術・家庭　家庭分野』（2016年、開隆堂出版）
- 佐藤文子・金子佳代子・田口浩継ほか『新編　新しい技術・家庭　家庭分野』（2016年、東京書籍）
- 澤　一良『一番わかりやすい整理入門　整理収納アドバイザー公式テキスト』（2011年、ハウジングエージェンシー出版局）
- 生活技術教育研究会（編）『保育・福祉専門職をめざす学習の基礎　講義・実習・生活のマナーを学ぶ』（2009年、ななみ書房）
- 高槻香琉・二葉昇司・金田初代『自分でできる庭づくり』（2000年、西東社）
- 婦人之友社（編）『掃除上手のヒント』（1969年、婦人之友社）
- 婦人之友社（編）『家事整理のヒント』（1970年、婦人之友社）
- ライオン快適生活研究所（監修）『暮らしまる洗い！　コツと基本120　洗濯・掃除、もっと上手に、もっと楽しく』（2011年、扶桑社）

第4章　社会生活力
第1節　礼儀・マナー　／　第2節　コミュニケーション技術
- 亀井ゆかり『働く人が身につけておきたい　手紙の作法』（2011年、かんき出版）
- 長島和代（編）『これだけは知っておきたい　わかる・話せる・使える　保育のマナーと言葉』（2014年、わかば社）
- 森　眞理・日浦直美『これだけは知っておきたい　保育者のマナー』（2006年、チャイルド本社）
- 谷田貝公昭（編）『これだけは身につけたい　新・保育者の常識67』（2015年、一藝社）
- 八田哲夫『教えて！　保育者に求められる100の常識　第三版』（2015年、中野商店）
- 横山洋子・中島千恵子『保育者のためのお仕事マナーBOOK』（2015年、学研教育出版）
- FUJITSUファミリ会東海支部『オフィスで働くあなたのための　おさらいビジネスマナー』http://jp.fujitsu.com/family/sibu/toukai/manar/mokuji.html（2018年2月7日閲覧）
- Rikaco Miyazaki「ビジネスマナーどれだけ知ってる？　絶対に間違えられない「席次」をシーン別に紹介」『U-NOTE』http://u-note.me/note/47506652（2018年2月7日閲覧、株式会社U-NOTE）
- Yuta-Hoshi「うっかりマナー違反？！　職場の日常的な挨拶で気をつけたいこと」『U-NOTE』http://u-note.me/note/47487784（2018年2月7日閲覧、株式会社U-NOTE）
- 『知っておきたい日常のマナー』http://www.dairylife.info/（2018年2月7日閲覧）

第3節　個人情報保護

- 岡村久道・鈴木正朝『これだけは知っておきたい個人情報保護』（2005年、日本経済新聞社）

第5章　学ぶ力

第1節　読む力

- 石黒　圭『語彙力を鍛える　量と質を高めるトレーニング』（2016年、光文社）
- 加藤周一『読書術』（2000年、岩波書店）
- 清水幾太郎『本はどう読むか』（1972年、講談社）
- 西林克彦『わかったつもり　読解力がつかない本当の原因』（2005年、光文社）

第2節　書く力

- 阿部紘久『文章力の基本』（2009年、日本実業出版社）
- 板坂　元『考える技術・書く技術』（1973年、講談社）
- 篠田義明『コミュニケーション技術　実用的文章の書き方』（1986年、中央公論社）
- 鈴木信一『書く力は、読む力』（2014年、祥伝社）
- 本多勝一『新版　日本語の作文技術』（2015年、朝日新聞出版）
- 前田安正『「なぜ」と「どうして」を押さえて、しっかり！　まとまった！　文章を書く』（2015年、すばる舎）

第3節　聞く力

- 梅棹忠夫『知的生産の技術』（1969年、岩波書店）
- 國學院大学教育開発推進機構『「はじめの一歩」（導入教育ハンドブック）』https://www.kokugakuin.ac.jp/assets/uploads/2016/12/000065921.pdf（2018年2月7日閲覧）
- 高橋政史『頭がいい人はなぜ、方眼ノートを使うのか？』（2014年、かんき出版）
- 外山滋比古『思考力の方法　「聴く力」篇』（2015年、さくら舎）
- 橋本　修・安部朋世・福嶋健伸（編著）『大学生のための日本語表現トレーニング　スキルアップ編』（2008年、三省堂）

第4節　話す力

- 木暮太一『「自分の言葉」で人を動かす』（2016年、文響社）
- 桜井光昭・野口恵三（監修）『ことばの生活百科　書き方・話し方の事例事典』（1986年、三宝出版）
- 出口　汪『出口汪の「最強！」の話す技術』（2016年、水王舎）
- 野田尚史・森口　稔『日本語を話すトレーニング』（2004年、ひつじ書房）
- 平木典子『自分の気持ちをきちんと＜伝える＞技術』（2007年、PHP研究所）

第5節　調べる力

- 上田修一（編）『情報学基本論文集（2）情報検索の方法』（1998年、勁草書房）
- 喜多あおい『プロフェッショナルの情報術』（2011年、祥伝社）
- 千野信浩『図書館を使い倒す！　ネットではできない資料探しの「技」と「コツ」』（2005年、新潮社）
- 宮内泰介『自分で調べる技術　市民のための調査入門』（2004年、岩波書店）

第6節　質問する力

- 粟津恭一郎『「良い質問」をする技術』（2016年、ダイヤモンド社）
- 谷原　誠『図解　するどい「質問力」！』（2012年、三笠書房）
- 東京メンタルヘルスアカデミー・フレンドスペース『誰とでも無理なく話せる雑談力』（2003年、明日香出版社）
- 日本衣料管理協会刊行委員会（編）『新版　消費者調査法』（2004年、日本衣料管理協会）

第6章　生活設計力

- 保育士のキャリアパスに係る研修体系等の構築に関する調査研究協力者会議『保育士のキャリアパスに係る研修体系等の構築に関する調査研究事業』http://www.mhlw.go.jp/stf/seisakunitsuite/bunya/0000154083.html（2018年2月7日閲覧、厚生労働省）

編著者一覧

編著者

神蔵幸子	洗足こども短期大学名誉教授（第1章）
中川秋美	淑徳大学非常勤講師・元淑徳大学短期大学部特任教授 （第3章2節、第4章1節3節、第6章）

著者（五十音順）

伊坪有紀子	昭和学院短期大学教授（第5章5節）
宇杉美絵子	昭和学院短期大学准教授（第4章2節）
北村麻衣	元昭和学院短期大学助手（第3章3節）
小宮恭子	元昭和学院短期大学教授（第5章4節）
佐藤智広	昭和学院短期大学名誉教授（第5章1節）
菅沼恵子	昭和学院短期大学教授（第5章6節）
曽野麻紀	十文字学園女子大学准教授（第2章）
髙橋里帆	元昭和学院短期大学助手（第4章2節）
中村光絵	和洋女子大学准教授（第3章1節）
並木真理子	日本女子体育大学准教授（第2章）
松野真	静岡英和学院大学教授（第5章3節）
本蔵達矢	昭和学院短期大学准教授（第5章2節）

全体校閲

佐藤智広

（2024年4月現在）

保育を支える生活の基礎
〜豊かな環境のつくり手として〜

2018 年 3 月 26 日　初版第 1 刷発行
2022 年 4 月 1 日　初版第 3 刷発行
2024 年 4 月 1 日　初版第 4 刷発行

© 編 著 者　　神蔵幸子　中川秋美
発 行 者　　服部直人
発 行 所　　株式会社萌文書林
　　　　　　〒 113-0021　東京都文京区本駒込 6-15-11
　　　　　　Tel：03-3943-0576　Fax：03-3943-0567
　　　　　　URL：https://www.houbun.com　E-mail：info@houbun.com
印刷・製本　　シナノ印刷株式会社
乱丁・落丁本はお取替えいたします。
定価は裏表紙に表示してあります。
本書の内容の一部または全部を無断で複写・複製・転記・転載することは、著作権法上での例
外を除き、禁止されています。
ISBN 978-4-89347-289-2

●ブックデザイン・イラスト　大村はるき